Pinson, Linda.
20 pasos para
desarrollar tu negocio :
c1998.
33305206385704
mh   10/12/04

WITHDRAWN

20 PASOS PARA DESARROLLAR TU NEGOCIO

Comienza hoy un sólido futuro

Linda Pinson y Jerry Jinnett

A pesar de que se ha procurado dar información fidedigna y actualizada, las ideas, sugerencias, principios generales y conclusiones que figuran en este texto, están sujetas a reglamentaciones municipales, estatales y federales, casos llevados a los tribunales y revisiones de los mismos. Recomendamos al lector buscar asesoría legal en lo concerniente a las leyes específicas aplicables a su localidad. Esta publicación no debe ser utilizada como sustituto de consejo legal competente.

Traducido de la tercera edición en inglés de
Steps to Small Business Start-up

Dirección editorial: **Karin N. Kiser**
Supervisión editorial y producción: **Editorial Pax México**
Traducción: **Héctor Javier Escalona**
Portada: **Richard Gahalla**

© Copyright 1998 por Dearborn Financial Publishing, Inc.®
Publicado por Upstart Publishing Company®
una división de Dearborn Financial Publishing, Inc.,® Chicago

Library of Congress Cataloging-in-Publications Data

Pinson, Linda.
[Steps to small business start-up. Spanish]
20 pasos para desarrollar tu negocio: comienza hoy un sólido futuro/Linda Pinson y Jerry Jinett.
p.   cm.
Translation of: Steps to small business start-up. 3rd ed.
ISBN 0-7931-2905-2
1. New business enterprises -- United States. 2. Small business - - United States. 3. Success in business -- United States.
I. Jinnett, Jerry. II. Title.
[HD62.5.P56518   1998]   98-14651
                                        CIP

Los libros de Dearborn y Upstart están disponibles a precios especiales para su uso como premios, en promociones de ventas o en programas corporativos de capacitación, etc. Si desea mayor información, por favor escríbanos a Dearborn Financial Publishing, Inc., 155 N. Wacker Drive, Chicago, IL 60606 – 1719 o llámenos al 800-621-9621.

Printed in Mexico/Impreso en México

ÍNDICE

Introducción vii

Paso 1: Comienza hoy 1
    Como explorar ideas de negocios 1
    Cómo identificar habilidades, intereses y
        cualidades personales 4
    Cómo evaluar sus fortalezas y debilidades 5

Paso 2: Encuentra un negocio 10
    Creación de un negocio propio 10
    Compra de un negocio ya existente 11
    Compra de una franquicia 13

Paso 3: Elige un nombre para el negocio 20
    Factores decisivos 21
    Disponibilidad de nombres 23

**Paso 4: Elige una ubicación para el
negocio** 25
    Evaluación de ubicaciones 25
    Centro comercial 28
    Incubadoras de negocios 29

Zonas empresariales 29
Condiciones de arrendamiento 30

Paso 5: Elige una estructura jurídica 34
Propiedad exclusiva *(sole propriertorship)* 35
Sociedad o asociación *(partnership)* 37
Sociedad anónima *(corporation)* 42
Sociedad anónima S *(S corporation)* 46
Sociedad de responsabilidad limitada
(S. de R.L.) *(Limited Liability
Company, LLC)* 47

Paso 6: Presenta tu negocio 51
Identidad gráfica 52
Tarjetas de presentación 53
Materiales de promoción 55
Cómo elegir un impresor 57

Paso 7: Protege tu negocio 61
Carta de manifestación 61
Diario 62
Derecho de autor *(copyright)* 62
Marca comercial 66
Patente 68
Solicitud provisional de patente 70

Paso 8: Tramita una licencia de negocio 73
¿Por qué se debe obtener una licencia
de negocio? 73
Consideraciones de ubicación 74
Obtención de una licencia para
un negocio casero 75
Cómo solicitar una licencia de negocio 76
Exhiba siempre su licencia de negocio 77

Paso 9: Registra un nombre ficticio (registro de un "DBA") 80

¿Qué es un nombre ficticio (o DBA)? 80
¿Qué pasa si no se registra? 82
Cómo registrar un DBA 82
Cómo renovar su DBA 84

Paso 10: Tramita un permiso de vendedor 88

Cómo solicitar un permiso de vendedor 88
Propósito de un permiso de vendedor 89
Mal uso de su permiso de vendedor 91
Certificado de reventa 91
Cómo declarar el impuesto sobre las ventas 92

Paso 11: Abre una cuenta bancaria 103

Elección del banco 103
Separe sus finanzas personales
de las del negocio 106
Abra una cuenta de cheques 107
Cuentas adicionales que conviene considerar 109

Paso 12: Elige los seguros 112

Búsqueda y elección de una compañía
de seguros 113
¿Cuáles son los tipos básicos de seguros? 113

Paso 13: Consigue financiamiento 123

¿Será necesario pedir dinero a crédito? 124
¿Cuánto necesita y en qué momento? 124
¿Cuáles son las fuentes a su alcance? 126
¿Cuánto le costará? 134
Un último comentario 135

Paso 14: Lleva los libros 137

La importancia de llevar registros 137
¿Qué registros es necesario llevar? 140

Programa general de conservación
de registros   147

Paso 15: Maneja el flujo de caja   162
¿Qué es un Estado de Flujo de Caja?   162
Hojas de trabajo para planificación   164
Cómo usar las hojas de trabajo para elaborar
el estado de flujo de caja   171

Paso 16: Investiga el mercado   179
Investigación de mercados   180
El uso de cuestionarios   181
La competencia   184
Su mercado objetivo   186
Integración de los elementos   190

Paso 17: Hazle publicidad a tu negocio   199
Publicidad en medios de comunicación   200
Promoción   203
Métodos alternativos   205

**Paso 18: Planifica tu negocio:
la clave del éxito   218**
¿Por qué elaborar un plan de negocios?   219
Revisión del plan de negocios   221
Formato de un plan de negocios de éxito   221

**Paso 19: Aprovecha los recursos disponibles
para el pequeño negocio   225**

Paso 20: Utiliza las hojas de trabajo   236

Glosario   271

INTRODUCCIÓN

Ahora, más que en cualquier otra etapa de la historia, el motor que mueve la economía es el pequeño negocio. Cada año se inician cientos de miles de nuevas empresas, y es imperativo que su lanzamiento sea apropiado y que dispongan de todas las oportunidades para establecer sus nichos en el mercado actual.

Confiamos en que le agrade la presente edición de este libro, que ha sido escrito con la esperanza de proporcionar a usted, que piensa emprender un negocio de este tipo, la información, los formatos y las hojas de trabajo que habrá de necesitar a lo largo del proceso de montar una pequeña empresa y colocar los cimientos apropiados para el crecimiento de un negocio triunfador.

Hemos procurado presentar la información en un orden lógico para que disponga de una guía para organizar y legalizar su negocio. Sin embargo, los procedimientos y requisitos pueden variar un poco según su ubicación y la industria a la que pertenezca. Le sugerimos leer el libro completo una vez y luego volver atrás e iniciar el proceso de conformar su empresa.

Se incluyen en el libro formatos, ejemplos y hojas de trabajo que usted está en libertad de reproducir a su conveniencia para su propio uso, aunque no con fines comerciales.

Este libro se escribió con base en nuestra experiencia como propietarias de negocios. Además, incorporamos información y aportaciones provenientes de los muchos miles de estudiantes, usuarios de nuestros libros y otros propietarios de pequeñas empresas con quienes hemos tenido la fortuna de interactuar a lo largo de los últimos años.

Esperamos que este libro le sea provechoso y le proporcione la motivación y los conocimientos para llevar su idea "de su mente... al mercado".

Nuestros mejores deseos por el éxito de su pequeña empresa.

Linda Pinson y Jerry Jinnett

COMIENZA HOY

Todo el mundo sueña alguna vez con ser dueño de un negocio. En una ocasión u otra, a todos se nos ocurren ideas que no llegan a materializarse en el mercado. Se ha dicho que la mejor manera de definir a un empresario es por medio de la reflexión siguiente: todo el mundo tiene grandes ideas cuando está en la regadera. Casi todos nosotros salimos de la regadera y nos olvidamos de ellas. El empresario es la persona que sale ¡y se pone a trabajar en esas ideas!

Cómo explorar ideas de negocios

Las ideas para negocios nuevos tienen su origen en muchas fuentes. Quizá usted desee convertir un interés particular en un negocio. Examine sus aficiones, su experiencia como voluntario y sus actividades recreativas.

Quizá pueda crear una línea de alimentos especializados, organizar eventos sociales, enseñar a jugar golf u organizar un servicio de localización y restauración de antigüedades.

Venda lo que conoce. Cualquier conocimiento o habilidad especializada se puede transformar en un negocio. Puede empezar una columna periodística, escribir un libro, presentar talleres y dirigir seminarios en el área de su especialidad. El conocimiento de la Internet puede conducir a abrir un negocio de diseño, seguimiento y actualización de páginas en la Red. Este mismo conocimiento se puede usar para obtener información útil para otros negocios. Es posible elaborar estudios demográficos, bases de datos, estudios de mercado y listas de recursos de información.

Ponga a trabajar equipo y tecnología de los que ya dispone. La edición electrónica, la videograbación de bodas y la fotografía de eventos deportivos infantiles son ejemplos de negocios que utilizan el equipo que usted ya tiene y que sabe cómo utilizar.

Muchos nuevos negocios han sido iniciados por individuos que aprovechan habilidades adquiridas en sus empleos asalariados. Los contadores, los administradores de nóminas, los escritores técnicos y los especialistas en computadoras son ejemplos de empleados que poseen habilidades que pueden aprovecharse comercialmente y transformarse en empresas de servicio. Cuando las compañías hacen "recortes" de personal y deciden recurrir a "recursos externos" surgen nuevas oportunidades para la gente con espíritu de empresa.

Cualquier tarea o responsabilidad que otras personas detestan hacer o no tienen tiempo para hacer por sí mismas puede ser la base de una empresa de servicio: en su comunidad puede haber necesidad de servicios de limpieza o reparaciones domésticas, jardinería, corrección de pruebas, compra de regalos o restauración de muebles.

Tal vez sienta deseos de explorar una idea que represente algo nuevo para usted. Tome clases, trabaje como aprendiz o consiga un empleo en un área afín a su nuevo campo de interés. Si le atrae la idea de proporcionar un servicio de alimentos o alguna otra faceta de la industria alimenticia, trabaje en un restaurante. Aprenda todos los aspectos del negocio: el procedimiento para ordenar las provisiones, cómo se manejan las entregas, el control de inventarios, el manejo de los alimentos y la forma de trabajar con facturas y órdenes de compra. ¿Cuáles son los puntos fuertes del restaurante? ¿Qué aspectos mejoraría usted? ¡No se trata de robar su plan de negocios! El objetivo es adquirir una educación al mismo tiempo que se tiene un segundo empleo y se gana dinero extra destinado a echar a andar un negocio propio. De esta manera, aprenderá a manejar cómodamente la terminología y los procedimientos de la industria de alimentos, además de convencerse de que verdaderamente le agrada trabajar con la comida.

Un empresario con inventiva puede desarrollar un nuevo producto o mejorar uno ya existente. Aquí viene al caso el viejo adagio: "Encuentre una necesidad y satisfágala". Por lo general, los productos nuevos nacen de la imaginación. Si no puede pensar en algo nuevo, no hay que olvidar que es posible mejorar muchos productos que ya existen. Un soldador que conocemos ha proyectado una versión mejorada de un gato que se emplea para nivelar casas rodantes. Esta persona usó su talento creativo para proyectar el nuevo modelo de gato y su habilidad como soldador para fabricar su producto; con ello ha creado una doble necesidad para sus talentos. Su producto resultó oportuno y en la actualidad es un hombre atareado, próspero y feliz.

Cómo identificar habilidades, intereses y cualidades personales

Cualquiera que sea el origen de su idea de negocio, es preciso retroceder un poco y mirar objetivamente lo que le aguarda. La propiedad de un negocio no es para todo el mundo y no todas las ideas de negocios son viables. La mayoría de los empresarios en ciernes no tienen la preparación adecuada para entrar en los negocios; aunque tienen la motivación y el deseo de ser dueños de uno, muchos no se han dado tiempo para investigar debidamente sus capacidades y sus ideas de negocios. Una evaluación cuidadosa de sus habilidades, intereses y cualidades personales le ayudará a determinar cuál negocio es más idóneo para usted. Las **habilidades** consisten en la capacidad para utilizar de manera competente los conocimientos que uno posee. Los **intereses** son las cosas que uno disfruta cuando las hace y que proporcionan placer. Las **cualidades personales** son los rasgos y características que hacen única a una persona.

En la página 8 se incluye la **Hoja de trabajo de evaluación personal #1** que le ayudará a analizar sus habilidades, intereses y cualidades personales y determinar los tipos de negocio que podrían ser adecuados para usted. Conserve esta hoja a su alcance y llénela al mismo tiempo que realiza sus actividades cotidianas. Es posible que tenga habilidades, intereses y cualidades personales comunes y corrientes que se podrían mejorar y utilizar con vistas a un negocio. ¿Tiene usted habilidades como mecánico? Podría pensar en un servicio de reparaciones. ¿Le interesan las artesanías? Podría convertir lo que hasta ahora ha sido una afición en un negocio en forma. ¿Le gusta trabajar con otras personas? En tal caso, podría considerar la posibilidad de ser tutor o maestro.

Después de llenar las tres primeras columnas de la hoja de trabajo, estará en condiciones de atacar la cuarta, que se ocupa de las **posibilidades de negocios.** Esta columna se llena evaluando y combinando las otras tres. Por ejemplo, si le agrada comer en restaurantes y tiene habilidad para escribir, podría escribir y publicar una guía de restaurantes locales. Si le interesa coleccionar cajas de música, tiene habilidad para hacer reparaciones mecánicas y es diestro para tratar con la gente, podría proporcionar un servicio de cajas de música que combine la reparación con la venta de las mismas. Es necesario poner énfasis en especial en el área de "intereses". Usted va a dedicar mucho tiempo a su negocio y más vale que le agrade. La capacidad para salir adelante con el negocio puede resultar satisfactoria cuando el negocio es nuevo, pero, si su trabajo no le agrada, muy pronto se convertirá en una carga pesada. En vez de esperar con ansia el inicio de un día más de labores, se encontrará buscando la manera de escapar hacia ocupaciones más interesantes.

Cómo evaluar sus fortalezas y debilidades

Es probable que el análisis de sus habilidades haya puesto de manifiesto áreas en las que necesita ayuda. Usted no tiene que ser un experto para iniciar un negocio, pero sí debe entender de manera realista cuáles son sus **fortalezas** y sus **debilidades.** ¡Ningún propietario de un negocio lo sabe todo! En la página 9 se incluye la **Hoja de trabajo de evaluación personal # 2** como ayuda para este análisis.

Si identifica un área en la cual necesita ayuda, recuerde que la pericia se puede aprender o adquirir. Usted puede compensar sus debilidades tomando cursos, contratando personal o utilizando servicios de asesoría. Si tiene una idea referente a un tipo de negocio, tome cursos para aprender todo lo que pueda acerca del campo elegido. Busque un empleo en el campo que le interesa y obtenga experiencia práctica. Las universidades de la comunidad, la Small Business Administration y los Small Business Development Centers de su área ofrecen talleres y cursos sobre temas de negocios como teneduría de libros, marketing, financiamiento y planificación de negocios o pueden orientarle al respecto.

Del mismo modo como examinó sus fortalezas y debilidades como propietario de un negocio, también debe analizar las fortalezas y debilidades de su idea. Haga esto antes de dejar su empleo, invertir sus ahorros o dedicar su tiempo a iniciar su empresa. Cuando se haya decidido por un negocio, responda las preguntas siguientes:

- ¿Tiene usted las habilidades necesarias para dirigir este negocio?
- ¿Sabe qué ayuda va a necesitar y dónde encontrarla?
- ¿Dispone del tiempo que se requiere para aprender lo necesario?
- ¿Cuenta con dinero suficiente para contratar personal o pagar asesores?
- ¿Le interesa de verdad este negocio en particular?
- ¿Está comprometido con el éxito del negocio?
- ¿Está dispuesto a dedicar el tiempo necesario para desarrollar una empresa de éxito?
- ¿Llena este negocio una necesidad no satisfecha?
- ¿Existe suficiente demanda de los consumidores para sustentarlo?
- ¿Puede usted competir eficazmente en el mercado?
- ¿Será capaz de entender los estados financieros de su negocio, como los de flujo de caja, de pérdidas y ganancias, y el balance general?
- ¿Está usted elaborando un plan de negocios para usarlo a lo largo de la existencia de su negocio?

Para ser el propietario de una empresa de éxito, es preciso que su respuesta a todas estas preguntas sea "Sí".

Investigue ideas de negocios y vea si se ajustan a su personalidad y sus antecedentes. Utilice las hojas de trabajo incluidas en las dos páginas siguientes. Examine sus habilidades, intereses y cualidades personales de manera objetiva. Estudie sus fortalezas y debilidades. Piense en medios que le permitan superar sus debilidades. Si esto implica tomar cursos o contratar asesores o empleados, calcule tanto el costo como el tiempo necesario. Incluya los costos en que incurra en la **Hoja de trabajo de efectivo por pagar** del paso 15 (página 166). Es preferible demorar el arranque de su negocio hasta que haya adquirido los conocimientos y conseguido la ayuda que necesita.

Hoja de trabajo de evaluación personal # 1

Habilidades	Intereses	Cualidades personales	Ideas de negocios
Organización	Deportes	Me agrada conocer gente	Tienda de artículos deportivos
Sé usar la computadora	Pesca con anzuelo	Soy independiente	Impartir clases
Habilidad para escribir	Lectura	Confianza en mí mismo	Dirigir recorridos turísticos
Sé hablar en público	Actividades al aire libre	Buena ética de trabajo	Escribir columna de deportes
Manejo bien las conversaciones telefónicas		Me agrada aprender	
Habilidades de comunicación		Me gusta tomar decisiones	

Hoja de trabajo de evaluación personal # 2

Fortalezas	Debilidades	Plan de acción	Costo	Tiempo
Experiencia en tiendas de menudeo	Falta de conocimiento de finanzas empresariales	Tomar fundamentos de contabilidad en la universidad local	$65.00	6 semanas, 4 horas por semana
Trabajé como representante de servicio al cliente				
Conocido en la comunidad como atleta	No me gusta el trabajo financiero	Emplear un contador	$50 al mes	2 horas al mes
Trabajé como guía turístico		Asistir a talleres de la SBA sobre el arranque de un negocio	$10.00	4 horas de clase
Experiencia en enseñanza				
	Falta de conocimiento de procedimientos de marketing	Ponerme en contacto con el SBDC local		
	Falta de conocimientos para redactar un plan de negocios	Asistir a los cursos de marketing en la universidad local	$85.00	Taller de 8 horas
		Trabajar con un consejero de SCORE	Sin costo	2 horas por semana
		Asistir al taller de planificación de negocios de la SBA	$25.00	Taller de 8 horas

ENCUENTRA UN NEGOCIO

Iniciar y hacer crecer un negocio implica tomar un gran número de decisiones. En el capítulo 1, usted tomó una decisión en cuanto al tipo de negocio que desea iniciar. Ahora se le presentan tres alternativas: iniciar uno nuevo, comprar uno ya existente o adquirir una franquicia. Cada una tiene beneficios y desventajas. Algunas de las diferencias entre estas opciones son la necesidad de capital de inversión, las probabilidades de supervivencia y la utilidad esperada. Examine las ventajas y desventajas de cada opción antes de dar el salto al mundo empresarial.

Creación de un negocio propio

Crear un negocio propio ofrece ventajas. Por lo general, el costo inicial de poner un negocio es menor que el de adquirir uno, y usted puede emplear su talento creativo para hacer algo único. Puede encaminarse a mercados no explorados. Está en libertad de elegir libremente su ubicación y desarrollar su propio estilo y políticas de dirección. No estará adquiriendo los problemas y defectos de un negocio ya en operación.

Casi todas las personas que inician un negocio propio son buenas en lo que hacen; han empleado sus talentos y su creatividad para desarrollar algo único. Fabrican, proveen o venden un buen producto o proporcionan un buen servicio. Pero un empresario de éxito tiene que suministrar un buen producto o servicio **y también** entender cómo funciona un negocio.

La creación de un negocio propio tiene ciertos riesgos inherentes. Se tiene que partir de cero. El propietario es responsable de elegir una estructura jurídica, una ubicación y un sistema para llevar los registros. Es preciso obtener licencias y permisos. Usted crea su base de clientes, sus sistemas de dirección y de organización, y su plan de marketing. En ocasiones, eso parece abrumador. El propósito de este libro es disipar el misterio que envuelve el arranque de un negocio. El lector podrá ver que una empresa se inicia y crece de acuerdo con un orden lógico. Entender cómo funcionan los negocios es una manera de aumentar las probabilidades de éxito.

Compra de un negocio ya existente

La adquisición de un negocio ya existente tiene algunas ventajas. Puede ser la única manera de conseguir una buena ubicación en el área donde se desea trabajar. Se puede ahorrar parte del tiempo, trabajo y dinero que implica la fase de arranque. Con frecuencia se puede hacer uso del capital invertido por el vendedor. Muchos vendedores están dispuestos a financiar una parte considerable de la venta por una tasa de interés más baja que la que ofrecería una institución crediticia. Un negocio ya existente cuenta con un plan de organización y un sistema de operación en funcionamiento, y ya tiene una base de clientes establecida. Muchas veces el vendedor está dispuesto a asesorar al comprador en cuanto al manejo de la compañía.

Existen diversas maneras de encontrar negocios en venta. Las asociaciones industriales y los grupos empresariales del vecindario suelen ser los primeros en saber que un negocio está a la venta y conocen su funcionamiento y reputación. Los corredores de negocios son un buen recurso profesional para obtener información acerca de propiedades disponibles, ubicaciones, mercados y financiamiento; representan a vendedores o compradores y se les paga un porcentaje del precio de venta. La sección de anuncios de "Oportunidades de negocios" de un diario incluye negocios locales. Los banqueros, la cámara de comercio y otros profesionales de la comunidad suelen conocer personas que ofrecen en venta o están por vender un negocio.

Cuando encuentre una compañía que le interese, averigüe por qué está a la venta. Es posible que existan problemas serios, como nueva competencia, reubicación de la base principal de clientes, obsolescencia de una línea de productos o problemas de flujo de caja. Estudie el negocio e investigue su mercado minuciosamente. Analice las tendencias comerciales específicas. Conozca la competencia, el vecindario circundante, la comunidad local de negocios y la base de clientes actual.

Un contador independiente y con experiencia le ayudará a analizar los estados financieros y los registros fiscales del vendedor para determinar la rentabilidad y el precio de compra. No se fíe del contador del vendedor. Evalúe las proyecciones de éste en cuanto a crecimiento futuro y rendimiento. En su afán por vender, el propietario puede afirmar cosas que están en conflicto con la realidad. Si tiene dificultades para obtener la información financiera que necesita, tal vez lo más sensato sea buscar otra oportunidad.

Cuando compra un negocio, usted adquiere diversos activos tangibles e intangibles. Es necesario que conozca lo que va a adquirir y su valor actual antes de fijar un precio y cerrar la venta. Debe saber si alguno de los activos de la compañía ha sido comprometido como garantía colateral de créditos pendientes. Es recomendable contratar un valuador para determinar el valor de los activos que se adquieren, los cuales pueden incluir:

- Cuentas por pagar y otros pasivos
- Cuentas por cobrar
- Edificios
- El nombre del negocio
- Clientela comercial y lista de clientes
- Acuerdo de asesoría con el vendedor
- Convenio para no competir
- Relaciones de crédito
- Equipo
- Mobiliario y enseres
- Inventario
- Acuerdos de arrendamiento
- Pasivos y gravámenes
- Personal
- Marca comercial, derechos de autor, patente
- Impuestos no pagados

En la página 17 se incluye la **Hoja de trabajo para la compra de un negocio** para ayudarle a evaluar una compañía. La investigación de un negocio para adquirirlo lleva tiempo y su objetivo es averiguar la verdad acerca de la empresa en cuestión.

Compra de una franquicia

Muchos propietarios de pequeños negocios han reducido sus riesgos al mínimo invirtiendo en una franquicia.

La concesión de franquicias es un plan de distribución en el cual un negocio de propiedad individual opera como parte de una gran cadena. Los productos y servicios que se ofrecen se apegan a una norma. La compañía (franquiciante) otorga al comerciante individual (concesionario) el derecho de comercializar el producto o servicio del franquiciante, y de usar el nombre comercial, las marcas registradas, la reputación y el modo de trabajar del franquiciante. Por lo común, el acuerdo de franquicia proporciona al concesionario el derecho exclusivo de vender en un área específica. A cambio, el concesionario acepta pagar al franquiciante una cuota o un porcentaje de las ventas brutas.

Quizá le convenga explorar las ventajas de este medio para hacerse de un negocio. Usted podrá iniciar su negocio amparado por un nombre y una marca comercial que ya goza de aceptación por el público. También existe la posibilidad de recibir capacitación y asistencia gerencial de parte de personas que tienen experiencia en su tipo de negocio, así como ayuda financiera del franquiciante. Suele ser necesario adquirir equipo y suministros de éste, y se puede ahorrar gracias a que adquiere productos, equipo, suministros y materiales publicitarios en grandes cantidades. Algunos franquiciantes guían al concesionario en las operaciones cotidianas hasta que adquiera la pericia necesaria. El franquiciante suele proporcionar asesoría gerencial de forma continua, la cual incluye por lo general ayuda en el mantenimiento de registros. Las promociones nacionales y regionales del franquiciante favorecen a los negocios individuales. La identificación inmediata que es privilegio de muchas empresas que operan por franquicia puede llevar clientes convencidos de antemano a su puerta.

También es necesario analizar algunas de las desventajas. Puesto que ciertas operaciones deben apegarse a una norma, usted no podrá establecer todas las reglas. En muchos casos perderá la libertad de ser su propio jefe y de tomar casi todas las decisiones. El franquiciante cobra por lo regular una regalía sobre un porcentaje de las ventas brutas y en último término ese pago deberá salir de las utilidades de su empresa. Por otra parte, el franquiciante generalmente no comparte sus pérdidas. Puede haber restricciones en cuanto a establecer precios de venta, a introducir productos o servicios nuevos y a descartar los no rentables, lo cual limita su capacidad para ser competitivo. Los franquiciantes exigen informes específicos, y el tiempo y esfuerzo dedicado a elaborarlos puede resultar una carga para usted. En las páginas 18 y 19 se incluye la **Hoja de trabajo para la compra de una franquicia**, para ayudarle a evaluar este tipo de negocio.

Tomar la decisión de adquirir una franquicia no es asunto que se deba tomar a la ligera. Antes de firmar un contrato de este tipo haga lo siguiente:

- **Examine sus intereses y capacidades.** ¿Qué le gusta hacer? ¿Para qué es usted hábil?
- **Consulte un directorio de oportunidades de franquicia.** Varias organizaciones publican información que incluye descripciones de compañías franquiciantes, así como los requisitos y capital que un concesionario necesita.
- **Reduzca el número de opciones.** Escriba a las compañías que le interesen y pídales que le proporcionen nombres de concesionarios con los que podría ponerse en contacto.
- **Hable con concesionarios.** Otros concesionarios tienen experiencia de primera mano en cuanto a la operación del tipo de negocio que a usted le interesa.
- **Póngase en contacto con la Federal Trade Commission.** En Estados Unidos, la FTC puede proporcionar información gratuita con base en la Regla para Franquicias de la FTC, que exige que los franquiciantes revelen cierta información an-

tes de que un concesionario potencial invierta dinero en la empresa. Para obtener un paquete de información, escriba a: Division of Marketing Practices, FTC, Washington, DC 20580 o llame al (202) 326-3128.

- **Consulte a un abogado y a un contador** antes de firmar un contrato de franquicia. Asegúrese de entender todos sus detalles y ramificaciones. Por lo común, los plazos de los contratos son de 10 a 20 años.

Como preparación para tener éxito en su negocio, identifique todas las actividades necesarias para el desarrollo del mismo; después, haga planes para que cada tarea se lleve a cabo de manera apropiada. Sus posibilidades de éxito aumentarán si elabora un plan de negocios. Este plan se convierte en los cimientos de cualquier nuevo negocio, y es el plano que servirá como guía para el arranque, la operación y el crecimiento del suyo. Bien sea que inicie uno propio, compre uno ya existente o adquiera una franquicia, un plan de negocios le ayudará a tomar decisiones acertadas para echar a andar su empresa y mantenerla sobre rieles. El paso 18 se ocupa de este tema.

Hoja de trabajo para la compra de un negocio

Nombre del negocio: Tienda de deportes El Bat y la Bola

Tipo de negocio: Tienda de venta al menudeo: equipo y uniformes para béisbol, estampas

Dirección: 786 Cherry Lane
Blair, NY 18760

Persona para contacto: Samuel y Alicia Bonilla, 555-0601

¿Por qué se vende este negocio? El propietario se va a jubilar

¿Cuál es el historial de este negocio? Se inició en octubre de 1976. Se amplió y se mudó a la ubicación actual en junio de 1986

¿Ha sido rentable?
Utilidad neta en 1994 = $86,000
Utilidad neta en 1995 = $110,000
Aumento en las utilidades debido a la adición de una línea de uniformes escolares

¿Qué es lo que adquiero?
Cuentas por pagar/pasivos: $54,000
Cuentas por cobrar: $21,000 (antigüedad de los documentos por cobrar)
Nombre del negocio: El nombre limita el negocio a la venta de artículos relacionados con el béisbol. No es un activo, pues se tendrá que cambiar
Lista de clientes: 12,000 nombres - lista de clientes activos
Activos fijos: $128,000 (desglosar balance general y tomar nota de antigüedad y estado)
Inventario: $87,000
Arrendamiento: Quedan 2 años del arrendamiento existente. Alquiler = $1,000/mes
Personal: Compromiso de conservar a los empleados actuales. Tres dependientes de tiempo completo ($6/h c/u). Un tenedor de libros ($10/h). Seis empleados de tiempo parcial ($5/h)
Derechos registrados (derechos de autor, patente, marca comercial): Marca comercial - logo. Cuenta de uniformes de béisbol para preparatoria y universidad = ingreso de $70,000/año
Impuestos no pagados: $10,000 acumulados

¿Cuál es el precio de venta de este negocio? $240,000

¿Cómo voy a financiar esta adquisición? El propietario actual ayudará al financiamiento: $80,000 como pago inicial, $160,000 financiados al 8% en 25 años

Hoja de trabajo para la compra de una franquicia

Nombre de la franquicia: Deportes y Trofeos América

Tipo de negocio: Tienda de venta al menudeo que ofrece línea completa de equipo para béisbol, fútbol y tenis; zapatos, ropa y venta y grabado de trofeos

Dirección: 762 Industrial Parkway
Atlanta, GA 30601

Persona para contacto: Alberto Castro (401) 555-6250

¿Qué reputación tiene el franquiciante? Bien establecido (1984)
Buena respuesta de otros concesionarios entrevistados

¿Está implicada la compañía en litigios? No

¿Cuál es la reputación del negocio individual?
Buen reconocimiento del nombre y presencia ante el público

¿Qué capacitación y asistencia para el arranque ofrece el franquiciante? Seis semanas de capacitación gerencial en Atlanta; el costo está incluido en los derechos de franquicia

¿Qué asistencia continua ofrece el franquiciante? Asistencia para ubicación, sistema de control de inventarios, sistema de teneduría de libros, asistencia para promoción y publicidad

¿Cuál es la estructura gerencial de la organización? Gerente regional: Tomás Álvarez; gerente de distrito: Ana Jiménez

¿Están protegidos la ubicación y el territorio?
Protegidos en 10 kilómetros a la redonda

¿Cuáles son las prácticas de operación de la franquicia? Línea de productos seleccionada por el franquiciante. Estructura de precios determinada por el concesionario

¿Cuáles son las políticas de control de operación?
Informes financieros trimestrales
Costos publicitarios cooperativos

Hoja de trabajo para la compra de una franquicia *(continuación)*

¿Cuál es el costo de la franquicia?
$280,000

Cuota por licencia inicial:
$100,000

Derechos permanentes por regalías: 2% de las ventas brutas/año

Otros pagos: Equipo: $60,000
Inventario inicial: $120,000
(se debe adquirir de la compañía)

¿Cómo se financiará la venta?
A través del franquiciante

¿Tengo derecho a vender la franquicia?
Se debe vender a través del franquiciante

¿Cuáles son las condiciones de renovación y cancelación? El contrato se suscribe cada año

La "cláusula de escape" favorece al franquiciante
1. El franquiciante no renovará si las ventas no alcanzan las proyecciones del acuerdo.

"Cláusula de recompra"
1. El franquiciante puede recomprar la franquicia a voluntad.

ELIGE UN NOMBRE PARA EL NEGOCIO

Ahora que ya ha decidido cuál será su negocio, debe elegir un nombre para el mismo. Si adquiere una franquicia, no tendrá que tomar esta decisión. Si adquiere un negocio ya existente, puede conservar el mismo nombre o cambiarlo por otro. Si crea su propio negocio, también tendrá que idear un nombre para él.

Ésta es una decisión muy importante que requiere una reflexión y una investigación cuidadosas. El nombre que usted elija tendrá una gran influencia en la imagen que su negocio proyecta. Antes de decidirse por un nombre, considere los puntos siguientes.

Factores decisivos

Evite los nombres lindos o ingeniosos. Esta clase de nombres no proyectan una imagen de formalidad. Muchos mayoristas no verán al negocio como auténtico, aunque se trate de una operación en gran escala. Por ejemplo, "Productos Decorativos Luz y Sombra" fabrica artículos para regalo de cristal de colores. Esta compañía casera no tiene dificultades para adquirir cristal de colores a precios de mayoreo porque el nombre hace pensar en un negocio formal. En contraste, "Lindas Criaturitas de Caty" fabrica vitrales colgantes para ventana con figuras de animales. A causa de este nombre cursi, Caty ha tenido problemas al tratar con los proveedores grandes de cristal de colores, quienes tienen la impresión de que el negocio es un simple pasatiempo. Desde luego, toda regla tiene excepciones. Hace dieciocho años un grupo de 20 propietarios de negocios en potencia se reunieron en un seminario de la Small Business Administration en Oakland, California. El único nombre que esta autora recuerda de todo el grupo es "Franks for the Memory" (Salchichas por el recuerdo, un juego de palabras con "Thanks for the memory", título de una conocida canción), de un café que vendía perros calientes. Usted debe hacer un juicio de valor con base en la impresión que cause a sus clientes y proveedores el nombre de su negocio.

Elija un nombre descriptivo para anunciar su producto o servicio. El consumidor que vea el nombre de su negocio lo asociará de inmediato con el producto o servicio que suministra. Por ejemplo, "Suministros para oficina Royal" indica al consumidor que el negocio vende productos para oficina. "Servicios Financieros Arias" da a conocer qué clase de servicio se ofrece; en cambio, "Arias y asociados" no da esa información. En nuestros tratos de negocios, todos coleccionamos tarjetas de presentación; más tarde, cuando las revisamos, suele ocurrir que no tengamos idea de la naturaleza de un negocio si el nombre no es descriptivo. Obtenga un provecho publicitario del nombre del suyo.

Procure que el nombre no sea restrictivo. No elija un nombre tan específico que no le permita ampliar su negocio sin que el nombre pierda su calidad descriptiva. Puede suceder que al principio usted ofrezca un servicio y más tarde quiera expandirlo para proveer servicios auxiliares o productos afines. Si tiene un negocio de reparaciones y piensa ampliarlo con venta, no le conviene elegir el nombre "TV-reparaciones Acción", pues tendría que cambiarlo si desea que sus clientes se enteren de un vistazo que también vende aparatos de televisión. Por ejemplo, "Lindas Criaturitas de Caty" indica que se elabora algún tipo de producto con forma de animal. Si Caty decidiera incluir otros diseños de cristal de colores, el nombre no reflejaría la nueva línea de productos. "Creaciones en cristal de Caty" habría sido una mejor elección. No siempre es fácil prever los rumbos que su compañía puede tomar, pero intente proyectar su crecimiento futuro. Es difícil cambiar el nombre de un negocio una vez establecido, pues se corre el riesgo de perder la base de clientes y la buena voluntad que se ha ganado a través del tiempo.

Piense en todos los usos posibles del nombre de su negocio. Considere cómo se podría abreviar el nombre. Los nombres largos no caben en los rótulos para envío por correo generados por computadora. El nombre del negocio "Out of Your Mind... and Into the Marketplace™" (De su mente... al mercado) se suele abreviar como "Out of Your Mind" (Desquiciado), ¡que no contribuye a la credibilidad de la compañía! Si tiene en mente el comercio internacional, investigue cómo se traduce su nombre en otros idiomas.

Tome en cuenta el listado alfabético en los directorios. Es una ventaja estar más cerca de la A que de la Z. Usted dispone de una audiencia cautiva a través de su inclusión en los directorios. Los consumidores y clientes no examinan los directorios comerciales y profesionales a fondo a menos que estén tratando de localizar productos o servicios. Por lo general, revisan los primeros anuncios para decidir a quién llamar.

Use su propio nombre como parte del nombre de su negocio, si lo desea. Si ya goza de respeto en su comunidad o en su campo de negocios, esto puede serle provechoso, pues le proporciona una ventaja en el mundo de los negocios. Si usa su nombre completo, es probable que no tenga que registrar un DBA (*"Doing Business As"*, es decir, "que negocia como", algo que trataremos en el paso 9). Ciertos estados exigen el registro si sólo se usa el apellido en el nombre del negocio. Si su nombre es muy común, le conviene registrar el DBA de todos modos para proteger el nombre con referencia a su negocio. Por ejemplo, si usted se llama Juan Sánchez, podría registrar "Juan Sánchez, contratista" porque se trata de un nombre común.

Disponibilidad de nombres

Asegúrese de que el nombre que está considerando para su negocio esté disponible, pues podría suceder que perteneciera legalmente a otra persona. En la medida de sus posibilidades, debe verificar que no esté en uso. Consulte los directorios telefónicos en la biblioteca pública, las oficinas de licencias comerciales de la ciudad y del condado, y los Directorios de Marcas Comerciales *(Trademark Directories)* en las bibliotecas de publicaciones del gobierno estatal y federal y en las bibliotecas públicas y de las universidades. Muchas bibliotecas, así como los SBDC, proporcionan acceso a la Internet, que puede serle útil para hacer una búsqueda de marcas comerciales en un área amplia.

Cada estado tiene una oficina que se encarga de registrar los nombres de los negocios constituidos en ese estado y de las compañías de otros estados calificadas para hacer negocios en él, además de los nombres que han sido registrados o reservados por otras compañías. Por lo general, esta oficina está sujeta a la jurisdicción de la Secretaría de Estado. Aunque no esté considerando formar una sociedad anónima como estructura jurídica de su negocio, le conviene utilizar este recurso para investigar la disponibilidad del nombre. Si más adelante decide constituir una sociedad anónima, le convendrá usar su nombre actual como nombre de la compañía puesto que estará asociado con su producto o servicio. La violación de un nombre no suele convertirse en un problema hasta que su empresa adquiere notoriedad en el mercado y crea una amenaza para el negocio que considera tener derechos previos al nombre. El tiempo que usted dedique a investigar la disponibilidad de nombres puede resultar muy rentable en el futuro.

La elección del nombre de un negocio es una decisión muy personal que no debe hacerse apresuradamente. Tómese su tiempo para elegir uno con el que se sienta a gusto, que proyecte la imagen de la compañía que usted desea, y que esté disponible. Desde el momento en que comience a anunciar su negocio, ese nombre estará a la vista del público. Selecciónelo cuidadosamente y le dará buenos frutos.

ELIGE UNA UBICACIÓN PARA EL NEGOCIO

La elección de la ubicación de su negocio debe hacerse pronto. Tome la decisión con base en el tipo de productos o servicios que ofrece y en su mercado objetivo, no en función de su conveniencia personal. La consideración más importante es la capacidad para satisfacer el mercado objetivo. Sus clientes deberán tener acceso a su negocio fácilmente, de manera segura y agradable. Otras consideraciones son la ubicación de la competencia, las fuentes de abasto, la disponibilidad de fuerza laboral y los costos del terreno.

Evaluación de ubicaciones

Una de las formas más eficaces de evaluar una ubicación es hacer un **análisis de mapa**. Dibuje un mapa del área donde desea ubicar su negocio y obtenga varias copias del mismo y una transparencia (acetato). En la transparencia, indique los locales disponibles en su área objetivo y márquelos con color o asigne un número a cada uno. Codifique la información en las copias. Esto le permitirá colocar más tarde la transparencia sobre el mapa codificado para darse una idea de cada local. Por ejemplo, lleve una de las copias del mapa al departamento de policía y pregunte por las tasas de criminalidad. Sombree el área de alta criminalidad en su mapa. Colocando la transparencia sobre la copia sombreada, podrá ver si alguna de las ubicaciones potenciales queda dentro de ella.

Mercado: En otra copia del mapa sombree las áreas donde su mercado objetivo habita, va de compras o trabaja. Sobreponga una vez más la transparencia para ver si sus clientes tendrán fácil acceso a su negocio. Las tiendas minoristas y los restaurantes deben estar cerca de sus clientes. ¿Hay acceso por vía rápida, buen flujo del tránsito y estacionamiento adecuado? A los clientes les preocupa la seguridad. ¿Pueden llegar a su negocio con una sensación de seguridad? El mapa de tasa de criminalidad le mostrará si sus clientes tienen que atravesar alguna de las áreas de alta criminalidad camino a su establecimiento. El recorrido para llegar a su negocio debe ser agradable. Recorra en auto y a pie las rutas que sus clientes tendrán que seguir y perciba la sensación que el vecindario le causa.

Competencia: Averigüe dónde está ubicada su competencia e intente determinar cuál es su volumen de ventas. Casi siempre los negocios procuran alejarse de la competencia. Sin embargo, ciertos tipos de negocios, como los restaurantes y las distribuidoras de autos, parecen tener gran éxito cuando se agrupan en un solo lugar. Los servicios profesionales tienden a situarse dentro de un área en torno a instalaciones de apoyo grandes, por ejemplo, los consultorios médicos cerca de un hospital y las oficinas de abogados cerca del juzgado. El consumidor espera encontrar esta clase de servicios en esas áreas.

Fuentes de suministro: Para las compañías manufactureras puede ser necesario estar ubicadas cerca de sus proveedores y tienen que tomar en cuenta los costos de transporte, mano de obra y energía eléctrica, la base fiscal y los reglamentos de zonificación de un predio. Si ciertas materias primas son cruciales para la fabricación de sus productos, quizá le convenga instalarse cerca de sus proveedores para reducir los costos por flete y los tiempos de entrega.

Fuerza laboral: Otra consideración que atañe a la ubicación es la disponibilidad de empleados. A medida que su negocio crece, adquiere cada vez más importancia disponer de una reserva de empleados calificados. Ciertas áreas no cuentan con un grupo de personas idóneas para formar una reserva de fuerza laboral. Los sueldos que se pagan en la localidad pueden discordar con los que pagan los competidores en otras. La cámara de comercio local le proporcionará estadísticas laborales y salariales para la ubicación que tiene en mente.

Costo: El espacio para oficinas disponible por un alquiler mínimo no es siempre la mejor razón para elegir un local. Por lo general hay una razón para que el alquiler sea bajo. Averigüe por qué está disponible el espacio, cuánto tiempo ha estado desocupado y el historial de los inquilinos anteriores. Si han cambiado con frecuencia, quizá el lugar se considere como una "mala ubicación". La cámara de comercio le proporcionará información acerca de los costos por metro cuadrado en su área. Verifique con la comisión local de uso de suelo si existen proyectos de cambios al respecto en los alrededores. Camine por la zona. ¿Proyecta la ubicación la imagen que usted tiene de su negocio?

Antes de iniciar la búsqueda de la ubicación perfecta, bosqueje sus necesidades actuales y proyecte las futuras. Si piensa hacer más grande su negocio, ¿dará cabida el local a esa expansión? Suele ser difícil reubicar un negocio de éxito sin perder parte de la base de clientes. En las páginas 31 a 33 se incluye una **Hoja de trabajo para análisis de ubicación**, con el propósito de ayudarle a evaluar los locales potenciales que esté considerando.

Centro comercial

Otra posibilidad es ubicar su negocio en un centro comercial, ya sea grande o pequeño. Esta clase de lugares se proyectan como unidades de comercialización y disponen de estacionamiento, lo que facilita a sus clientes llegar en su auto, estacionarse y hacer sus compras. Se puede aprovechar el tránsito peatonal que las demás tiendas atraen al área.

Sin embargo, puede haber algunas desventajas. Usted formará parte de un equipo de comerciantes, y se esperará que pague la parte que le corresponda del presupuesto de las instalaciones, que quizá incluya cosas como mantenimiento de los edificios, jardines y estacionamientos, anuncios cooperativos y actividades promocionales. Tendrá que atenerse al horario normal de las tiendas, dar mantenimiento a sus escaparates y al local de una manera predeterminada y apegarse a las pautas de exhibición establecidas. En los centros comerciales más grandes es posible que se le exija pagar un porcentaje de sus ventas brutas al promotor inmobiliario o a los propietarios del conjunto comercial, además de los pagos por alquiler o arrendamiento.

Incubadoras de negocios

En el mercado de ubicaciones ha surgido un nuevo concepto: la incubadora de negocios. Estas organizaciones son especialmente apropiadas para negocios de manufactura ligera y de servicios que no requieren grandes instalaciones. Con el propósito de reducir los costos generales para negocios nuevos, el programa de incubadoras ofrece diversos servicios a los inquilinos a través de una estación central de recursos. Por lo común el paquete que se ofrece al inquilino incluye servicios de recepción y atención de teléfonos, mantenimiento del edificio y el terreno, salas de conferencias o de juntas, así como servicios de embarque y recepción de mercancía. También se ofrecen servicios administrativos por un costo nominal. Estas incubadoras se orientan a pequeños negocios que arrancan y a empresas nuevas. Los costos por metro cuadrado son bajos y se espera que las empresas permanezcan ahí durante dos o tres años. En ese punto, se espera que hayan tenido el éxito suficiente para reubicarse.

Zonas empresariales

Se oye hablar mucho últimamente de las ventajas de ubicarse en zonas empresariales debido al trabajo que realizan las comunidades para el mejoramiento de las áreas deprimidas. Las compañías situadas en estas zonas pueden aprovechar importantes incentivos fiscales y programas de marketing. Las comunidades de las zonas empresariales se han comprometido a atraer inversión en nuevos negocios y ofrecen incentivos como la reducción o eliminación de derechos por permisos locales y otros relacionados con la construcción, así como un trámite más rápido de planes y permisos. Si desea información sobre las zonas empresariales en un área determinada puede obtenerla a través del Departamento de Comercio, la Small Business Administration y la Cámara de Comercio local.

Condiciones de arrendamiento

Antes de firmar un contrato de arrendamiento para un local, haga que su abogado y su agente de seguros lo revisen. Necesita saber lo siguiente:

- ¿Cuál es el alquiler y cómo se determina?
- ¿Cómo se compara el alquiler con otras propiedades del área?
- ¿Quién debe pagar las modificaciones y el reacondicionamiento?
- ¿Cuál es la suma asegurada por el arrendador?
- ¿Qué cobertura de seguros necesita el inquilino?
- ¿Cuáles son las condiciones para la renovación del arrendamiento?
- ¿Tiene el inquilino derecho de subarrendar?
- ¿Aplican restricciones de uso de suelo a la propiedad?

Un contrato de arrendamiento es un acuerdo jurídico cuyo cumplimiento es obligatorio y que establece los derechos y obligaciones del arrendador y del inquilino. Asegúrese de comprender todas sus cláusulas y de que éstas se ajusten a sus planes respecto al local y a su negocio.

Hoja de trabajo para análisis de ubicación

1. **Dirección:** 271 Adams Street
   Blair, NY 07682

2. **Nombre, dirección y teléfono del agente inmobiliario/ contacto:**
   Jaime Jiménez Century Realty
   622 Mason Street
   Blair, NY 07682
   555-7093

3. **Pies cuadrados/costo:** Espacio para tienda de venta al menudeo de 2,000 pies cuadrados, a $2.50 por pie cuadrado. 50 pies de área de exhibición en escaparates frente a área de tránsito peatonal intenso. Área de salones de clase atrás de la tienda.

4. **Historial del local:** Ocupante anterior: negocio de ropa al menudeo que ocupó el local durante siete años. Se mudó a una tienda más grande. El local estuvo desocupado dos meses.

5. **Ubicación respecto al mercado objetivo:** Sector principal de venta al menudeo y negocios en Blair. Atrae clientes de 20 millas a la redonda.

6. **Patrones de tránsito para clientes:** Parada de autobús a media cuadra; fácil acceso por la Avenida Uno y la Calle Principal; semáforos en los cruces; área de acceso para recoger mercancía en el callejón atrás de la tienda.

7. **Patrones de tránsito para proveedores:** Callejón de acceso para entregas.

8. **Disponibilidad de estacionamiento (incluya un diagrama):** Estacionamiento en diagonal: 12 espacios frente a la tienda; estacionamiento grande a una cuadra.

9. **Tasa de criminalidad en la zona:** Vigilancia las 24 horas en el sector comercial; guardia activa vecinal en el área residencial circundante.

Hoja de trabajo para análisis
de ubicación *(continuación)*

10. **Calidad de los servicios públicos (por ejemplo, policía, protección contra incendios):** Estación de policía a seis cuadras
Estación de bomberos a tres kilómetros
Alarma contra incendio, sistema de aspersión, alarmas contra humo instaladas

11. **Notas del recorrido a pie del área:** Casas bien conservadas en el lado norte; edificio de departamentos dos cuadras al sur; dos autos abandonados; escombros apilados en un lote baldío, tres cuadras al este del local.

12. **Negocios vecinos y clima local de los comercios:**
Tintorería/reparación de calzado
Restaurante
Buen tránsito peatonal
La Asociación de Propietarios de Comercios supervisa la zona.

13. **Normas de uso de suelo:** Uso comercial

14. **Idoneidad de los servicios (obtenga información de los representantes de las compañías de servicios):**
Seis líneas telefónicas para el local
Dos baños en la tienda
Agua municipal, drenaje; conexiones para 220 V instaladas. No se dispone de gas.

15. **Disponibilidad de materias primas y suministros:** UPS, empresas de transporte regulares; entregas diarias.

16. **Disponibilidad de fuerza laboral:** Agencia de empleos temporales en el centro de negocios.
Universidad a cinco millas
Escuela preparatoria a ocho millas

17. **Sueldos que se pagan en el área:**
$5.50/h a vendedores de tienda
$10.00/h al gerente de la tienda
$7.00/h a instructores o guías

Hoja de trabajo para análisis
de ubicación *(continuación)*

18. **Disponibilidad de vivienda para los empleados:** Apartamentos y viviendas unifamiliares disponibles en un radio de 10 millas.
    Alquiler promedio de 2 recámaras: $450
    Precio promedio de una casa de dos recámaras: $86,000

19. **Tasas de impuestos (estatales, municipales, sobre la renta, nómina, evaluaciones especiales):** Impuesto estatal sobre la renta: 7% Impuesto estatal sobre las ventas: 6.5%

20. **Evaluación del local en relación con la competencia:** Artículos Deportivos Suárez: a seis millas, tiene mejor estacionamiento, ubicado más cerca de la universidad y la preparatoria.

    Este local está dentro de un pequeño centro comercial y ofrece más negocios adyacentes, tiene un costo menor por pie cuadrado y más tránsito peatonal que el local de Artículos Deportivos Suárez.

ELIGE UNA ESTRUCTURA
JURÍDICA

Una de las decisiones más importantes que tiene que tomar se refiere a la estructura jurídica de su negocio. Cada forma de organización tiene ventajas y desventajas. El tipo de formato jurídico que elija dependerá de los factores siguientes:

- Sus necesidades de capital
- El tipo de negocio
- Cuándo desea iniciarlo
- Su capacidad para financiarlo
- El número de personas que participan en él
- Las responsabilidades y riesgos que está dispuesto a asumir
- Su situación fiscal personal
- Los planes que tenga en cuanto a tomar dinero del negocio

- Sus planes respecto a seguir en el negocio en caso de que algo le llegara a suceder
- Su plan de negocios de largo plazo

Existen cuatro maneras distintas de organizar un negocio: la propiedad exclusiva, la sociedad o asociación, la sociedad anónima y la sociedad de responsabilidad limitada. La estructura jurídica que usted elija determinará cuánto papeleo tendrá que hacer, en cuánta responsabilidad personal incurrirá, cómo podrá conseguir dinero y qué impuestos se aplicarán a su negocio.

Propiedad exclusiva (*sole proprietorship*)

Ésta es la estructura jurídica más fácil, menos costosa y menos reglamentada para un negocio. Una propiedad exclusiva pertenece a una sola persona y es operada por ella, aunque puede tener empleados.

Ventajas

- **Facilidad de formación:** existen menos restricciones legales relacionadas con la formación de una propiedad exclusiva.
- **Único propietario de las utilidades:** todas las utilidades pertenecen al propietario, ¡lo mismo que las pérdidas!
- **Menos costosa de establecer:** los costos varían según la ciudad donde se forme el negocio, pero generalmente incluyen derechos por licencia y quizá un impuesto a las empresas. Esta información se puede obtener llamando a la oficina de licencias de negocios del gobierno municipal. Si usted habita en una zona no incorporada, póngase en contacto con las oficinas del condado.

- **Se necesitan menos registros con un mínimo de reglamentación:** aunque las reglas varían según el estado, por lo general la propiedad exclusiva se puede establecer registrando el nombre de la compañía (registrando un DBA) y obteniendo una licencia de negocio.
- **Se pagan impuestos como individuo:** como propietario único, la utilidad y la pérdida de su negocio se registran en la Forma Fiscal Federal 1040, Cédula C *(Federal Tax Form 1040, Schedule C)* y la cantidad que aparece en el último renglón se transfiere a su forma fiscal personal. También deberá registrar la Cédula SE *(Schedule SE)*, que es su contribución al Seguro Social.
- **Control total:** el negocio pertenece a una sola persona y es operado por ella. Todas las decisiones las toma usted como propietario. Usted tiene toda la responsabilidad y todo el control.

Desventajas

- **Responsabilidad personal ilimitada:** usted será responsable de todas las deudas del negocio, que pueden ser superiores a la inversión. Esta responsabilidad se extiende a todos sus activos, como su casa y su vehículo.
- **Menos capital disponible:** los fondos deben provenir del propietario y la obtención de financiamiento a largo plazo tal vez presente dificultades. Los préstamos se basan en los puntos fuertes de la persona.
- **Potencial de crecimiento limitado:** el futuro de la compañía depende de las capacidades del propietario, en términos de conocimientos, empuje y potencial financiero.
- **Fuerte responsabilidad:** usted es la única persona responsable del negocio. Nada de solicitudes

al almacén central cuando se le terminan los sobres. Usted tendrá que encargarse de evaluar el equipo de oficina y tomar las decisiones de compra, y quien se hará cargo en último término de adquirir materiales, equipo, publicidad y seguros. También tendrá que manejar a los empleados, el marketing, el pago de cuentas y las relaciones con los clientes.

- **La muerte, la enfermedad o una lesión pueden poner en peligro el negocio:** la empresa deja de existir como entidad jurídica con la muerte del propietario.

La propiedad exclusiva se adapta mejor a un negocio que tiene un solo propietario y donde los impuestos o la responsabilidad por un producto no son causa de preocupación. Puesto que la entidad es inseparable del propietario, las desventajas principales de esta estructura son la responsabilidad ilimitada, la carencia de beneficios fiscales y su disolución con la muerte del propietario. El propietario es responsable de los impuestos y registra una Cédula C (*Schedule C*) con la Forma 1040. La propiedad exclusiva es la forma más común de los negocios y abarca el 70 por ciento de todas las entidades de negocios en Estados Unidos. Muchas personas que inician apenas un negocio la eligen hasta que resulta práctico formar una sociedad.

Sociedad o asociación (*partnership*)

Una sociedad o asociación es una relación jurídica de negocios en la que dos o más personas aceptan compartir la propiedad y la dirección de un negocio. Es frecuente que se elija un socio que posee habilidades o pericia de las que otro carece. Compartir la propiedad de un negocio puede ser un medio para disponer de más dinero para el arranque. Evalúe las ventajas y desventajas de esta estructura jurídica antes de tomar una decisión.

Ventajas

- **Facilidad de formación:** los requisitos legales y los gastos son inferiores a los que implica formar una sociedad anónima. Aunque las normas varían según el estado, por lo general se puede establecer una sociedad o asociación registrando el nombre de la compañía (registrando un DBA) y obteniendo una licencia de negocio.
- **Responsabilidad compartida:** ¡dos o más cabezas piensan más que una! Puesto que comparten las utilidades, los socios están motivados para tener éxito. Esta forma de estructura legal permite distribuir la carga de trabajo y compartir las ideas, habilidades y responsabilidades.
- **Mayor potencial de crecimiento:** una sociedad hace posible obtener más capital y aprovechar más habilidades.
- **Facilidad de operación:** la sociedad en nombre colectivo tiene más libertad respecto al control gubernamental y a impuestos especiales que la sociedad anónima.

Desventajas

- **Responsabilidad personal ilimitada:** los propietarios son responsables en lo personal de las deudas del negocio. Una sociedad o asociación no es una entidad jurídica independiente, aunque sus ingresos se informan en una declaración fiscal informativa por separado (Forma 1065). Las utilidades se deben incluir en la declaración individual de impuestos de cada socio, de acuerdo con su porcentaje de participación en el negocio.

- **Falta de continuidad:** al igual que la propiedad exclusiva, la sociedad o asociación se extingue con la muerte o la salida de un socio general, a menos que el convenio de sociedad estipule otra cosa. La muerte, la salida o la bancarrota de un socio pone en peligro a todo el negocio.
- **Relativa dificultad para obtener grandes sumas de capital:** aunque las posibilidades de obtener financiamiento de largo plazo son mayores en una sociedad de este tipo, continúan dependiendo de la revisión de los activos de cada socio individual.
- **Dificultad para disponer de la participación en la sociedad:** la adquisición de la participación en una sociedad o asociación o su venta a un tercero tiene que especificarse en el convenio de la sociedad.
- **Distribución de la responsabilidad en caso de bancarrota:** en caso de bancarrota, el socio que cuente con más activos personales perderá más.
- **Responsabilidad del socio:** cada socio general puede actuar a nombre de la compañía en la operación del negocio. Cada socio representa a la empresa y puede contratar empleados, pedir dinero a crédito y operar el negocio de forma individual. Elija a alquien en quien pueda confiar, pues estarán comprometidos con las decisiones mutuas.
- **Utilidades:** las utilidades se comparten entre los socios de acuerdo con los términos establecidos en el convenio de la sociedad.

Una sociedad o asociación resulta adecuada para un negocio con dos o más propietarios y cuando los impuestos y la responsabilidad por los productos no son motivo de preocupación. La entidad es inseparable de los propietarios pero puede tener propiedades y deudas a su nombre. Carece de beneficios fiscales y se disuelve jurídicamente con el cambio o el fallecimiento de un socio. Los socios son responsables de registrar los impuestos y deben emplear la Forma 1065.

Existen distintos tipos de sociedades o asociaciones, los cuales dependen de cuán activo sea el papel que los socios desempeñan en el negocio. Los **socios generales** comparten por igual la responsabilidad de dirigir y financiar el negocio, y también comparten de manera equitativa la responsabilidad por los pasivos. Los **socios limitados** arriesgan únicamente su inversión en el negocio y no están sujetos a las mismas responsabilidades que un socio general en tanto no participen en la dirección y control de la empresa.

Esta estructura de negocio se emplea como una manera de reunir capital para el funcionamiento del negocio. Los socios generales pueden aceptar socios limitados como un medio de conseguir efectivo sin la intervención de inversionistas externos en la dirección del negocio. Los socios generales siguen siendo los responsables de las deudas de la empresa. La creación de una sociedad limitada es más costosa, implica más papeleo y se usa principalmente para compañías que invierten en bienes raíces o empresas especulativas.

Se debe tener cuidado al elegir un socio, pues ésta es una relación de trabajo estrecha y conviene examinar minuciosamente el estilo de trabajo, el carácter, la personalidad, la situación financiera, la habilidad y la pericia del socio potencial.

Convenios de sociedad o asociación

No subestime la necesidad de un convenio de sociedad o asociación. Muchas amistades y buenas relaciones de trabajo han hallado su fin a causa de desacuerdos respecto al negocio. Cuando las consideraciones financieras hacen su aparición, las amistades suelen hacerse a un lado. Dedique tiempo a elaborar con cuidado un convenio de sociedad y regístrelo ante un notario; le servirá como guía para su relación de trabajo con sus socios, describirá las contribuciones financieras, gerenciales y materiales de los socios al negocio y delineará sus papeles respectivos en la relación de negocios.

Los siguientes son algunos temas que se suele incluir en estos convenios:

- El propósito de negocios de la sociedad
- Los términos de la sociedad
- Las metas de los socios y de la sociedad
- Las aportaciones financieras que hace cada socio para el arranque y durante la existencia de la empresa
- La distribución de utilidades y pérdidas
- El retiro de los activos o el capital que un socio ha aportado
- Los poderes gerenciales y las responsabilidades de trabajo de cada socio
- Las disposiciones para la admisión de nuevos socios
- Las disposiciones para la expulsión de un socio
- Las disposiciones para la continuidad del negocio en caso de fallecimiento, enfermedad, incapacidad o deseo de abandonar la sociedad por parte de un socio
- Las disposiciones para determinar el valor de la participación de un socio que deja la sociedad y el método para su pago
- Los métodos para arreglar disputas a través de mediación o arbitraje
- La duración del acuerdo y los términos de disolución del negocio

Un convenio de sociedad o asociación es un contrato que estipula cómo desea usted que su relación de negocios funcione. La *Uniform Partnership Act* (U.P.A.) es un conjunto de leyes que establece las reglas jurídicas más fundamentales aplicables a las sociedades en nombre colectivo. La ley ha sido adoptada en todos los estados de Estados Unidos, excepto Luisiana. Sin embargo, estas reglas se pueden modificar a través de declaraciones en el convenio de sociedad. A menos que en el documento mismo se especifique una fecha distinta, un convenio por escrito entra en vigor en el momento en que se firma.

Sociedad anónima (*corporation*)

La sociedad anónima es la más compleja de las tres estructuras de negocio. Una sociedad anónima es una entidad jurídica definida, independiente de los individuos que son sus dueños, la cual se forma por la autoridad del gobierno estatal, con aprobación del Secretario de Estado. Si se realizan negocios en más de un estado, es necesario apegarse a las leyes federales relativas al comercio interestatal, pues las leyes federales y las estatales pueden variar considerablemente.

Ventajas

- **La propiedad es fácilmente transferible:** la sociedad anónima no deja de existir con la muerte de un propietario.
- **Más opciones de crecimiento y obtención de fondos:** una sociedad anónima tiene acceso a muchos inversionistas y puede reunir un capital considerable mediante la venta de acciones.
- **La sociedad anónima es una entidad jurídica independiente:** es responsable de todas las deudas. Los accionistas sólo son responsables por la cantidad que han invertido. Una sociedad anónima existe independientemente de las personas que son dueñas de ella.

- **La autoridad se puede delegar.** La sociedad anónima tiene la capacidad de recurrir a la pericia y las habilidades de más de un individuo.

Desventajas

- **Extensa reglamentación gubernamental.** Las sociedades anónimas están altamente reglamentadas y su dirección es compleja. Es necesario presentar engorrosos informes locales, estatales y federales y se deben llevar a cabo asambleas de accionistas con regularidad.
- **Alto costo de formación y conservación.** Los honorarios para montar una estructura corporativa, el costo de las asambleas de accionistas y el gasto en honorarios de abogados y papeleo son algunos de los costos propios de una sociedad anónima.
- **Mayor carga impositiva.** Se paga impuesto sobre la renta sobre el ingreso (utilidad) neto corporativo y sobre los salarios y dividendos individuales.

Debido a la complejidad de la sociedad anónima, es conveniente consultar a un abogado respecto a su formación. Ya sea que usted decida formar la sociedad anónima por cuenta propia o con ayuda de abogados, tendrá que tomar en cuenta los conceptos siguientes para estar informado y preparado.

Certificado de constitución

La elaboración de un **certificado de constitución** es el primer paso para constituir una sociedad anónima. Muchos estados cuentan con una forma estándar de certificado de constitución que las empresas pequeñas pueden usar. Se pueden solicitar copias al funcionario estatal que otorga escrituras constitutivas o en papelerías grandes o proveedores de artículos de oficina. Por lo general se requiere la información siguiente:

- **Nombre corporativo de la compañía:** el nombre elegido no debe ser similar al de ninguna otra sociedad anónima autorizada para hacer negocios en el estado. El nombre no debe ser engañoso de modo que confunda al público. Para tener la certeza de que el nombre escogido es apropiado, verifique la disponibilidad de nombres con el funcionario estatal designado, en cada estado donde pretenda hacer negocios, antes de redactar el certificado de constitución.
- **Propósitos para los cuales se constituye la sociedad anónima:** los propósitos deben ser suficientemente amplios para dar cabida a una expansión, y lo bastante específicos para proporcionar una idea clara del negocio al que se va a dedicar. Su biblioteca local cuenta con libros de referencia y certificados de sociedades anónimas existentes, los cuales pueden proporcionarle ejemplos de este tipo de cláusulas.
- **Tiempo durante el cual existirá la sociedad anónima:** este término puede abarcar un cierto número de años o ser "perpetuo".
- **Nombres y direcciones de los constituyentes:** en ciertas zonas se requiere que al menos uno de los constituyentes sea residente en el estado donde se está organizando la sociedad anónima.
- **Ubicación de la oficina registrada de la sociedad anónima en el estado donde se constituye:** si decide obtener su escritura constitutiva de otro estado, se le exigirá tener una oficina ahí. En tal caso, puede asignar a un agente en ese estado que actúe en su nombre.
- **Estructura de capital propuesta:** estipule la cantidad máxima y el tipo de capital social que su

sociedad anónima desea estar autorizada a emitir. Indique la cantidad de capital requerido en el momento de la constitución en sociedad.

- **Dirección:** establezca las disposiciones para la reglamentación de los asuntos internos de la sociedad anónima.
- **Director:** proporcione el nombre y dirección de la persona que fungirá como director hasta la primera asamblea de accionistas.

La escritura constitutiva se emitirá una vez que el funcionario estatal designado haya determinado que el nombre está disponible, que el certificado se haya ejecutado en forma completa y correcta, esto sin violar ley estatal alguna.

Para completar el proceso de constitución en sociedad, los accionistas deben reunirse para elegir un consejo de administración y adoptar estatutos. El consejo de administración elegirá a su vez a los funcionarios que estarán efectivamente a cargo del funcionamiento de la sociedad anónima. Por lo común, entre ellos se incluye a un presidente, un secretario y un tesorero. En las sociedades anónimas pequeñas, frecuentemente se elige a los miembros del consejo de administración como funcionarios de la sociedad anónima.

Reglamento interno

El reglamento interno de la corporación puede repetir algunas de las disposiciones de la escritura constitutiva y usualmente cubre aspectos como los siguientes:

- La ubicación de la oficina principal y otras oficinas
- El tiempo, lugar y notificación de las asambleas de accionistas
- El número de directores, su compensación, los términos de sus funciones, el método de su elección y el llenado de vacantes

- El tiempo y lugar de las reuniones de los directores
- El quórum (número suficiente) y los métodos de votación
- Seguros y forma de los certificados de acciones
- Métodos de selección de funcionarios y de designación de sus títulos, obligaciones, términos de función y salarios
- Método de pago de dividendos
- Decisiones concernientes al año fiscal
- Procedimiento para enmendar los estatutos

En general, el costo y complejidad de la estructura jurídica de la sociedad anónima hacen de ésta una opción poco realista para muchos negocios pequeños.

Sociedad anónima S (*S corporation*)

Existe una estructura jurídica llamada condición de sociedad anónima S (*S corporation*), la cual permite que el ingreso de la sociedad anónima de un pequeño negocio sea gravado a los accionistas como si la sociedad anónima fuera una sociedad o asociación. Un objetivo es evitar el aspecto del doble impuesto del sistema estadunidense de gravar el ingreso de la sociedad y los dividendos de los accionistas por separado. Existen condiciones específicas para formar y conservar una elección de sociedad anónima S:

- La sociedad anónima debe tener diez o menos accionistas, todos los cuales son individuos o patrimonios.
- No se permiten accionistas extranjeros no residentes.
- Existe una sola clase de acciones en circulación.
- Todos los accionistas están de acuerdo en elegir la sociedad anónima S.

- Una parte específica de las entradas de la sociedad deben provenir de negocios activos, no de inversiones pasivas.
- No se establecen límites al tamaño del ingreso y los activos de la sociedad.
- Hable con su abogado o su contador para determinar si esta forma de estructura legal es apropiada para su negocio.

Sociedad de responsabilidad limitada (S. de R.L.) *(Limited Liability Company, LLC)*

La sociedad de responsabilidad limitada (S. de R. L. o *LLC, Limited Liability Company*) es la forma más nueva de estructura legal para una empresa. Se trata de una entidad híbrida que confiere a los propietarios la protección contra responsabilidad personal que se otorga a la estructura de sociedad anónima y la aplicación subrogada de impuestos de la sociedad o asociación. La S. de R.L. tiene ciertas desventajas. Por ser una entidad nueva, las leyes concernientes a ella todavía están en evolución y algunas cuestiones respecto a su operación no se han definido. Comúnmente se le aplican impuestos como a una sociedad o asociación, pero puede ser gravada como sociedad anónima en algunos estados. Cuando se le aplican impuestos como la primera, los propietarios del negocio pueden perder ciertos beneficios financiados por la compañía.

Ventajas

- **Deducciones por pérdida más liberales.** Los propietarios de una S. de R.L. no asumen responsabilidad por las deudas del negocio y las pérdidas se pueden usar como deducciones fiscales contra el ingreso activo. Las deducciones por pérdida son más limitadas en una sociedad anónima S que en una S. de R.L.

- **Más opciones de acciones.** Las S. de R.L. pueden ofrecer varias clases de acciones con distintos derechos.
- **Menos restricciones a la participación.** No existen restricciones en cuanto al número o tipo de propietarios. Un número ilimitado de individuos, sociedades anónimas o sociedades en nombre colectivo pueden participar en una S. de R.L.

Desventajas

- **Dificultad para la expansión del negocio fuera del estado.** Si una compañía que opera en un estado que permite las S. de R.L. decide hacer negocios en otro que carezca de una legislación similar, no existen disposiciones para que la S. de R.L. se registre legalmente con el propósito de operar en el segundo estado.
- **Prueba de restricciones de transferibilidad.** Las participaciones de propiedad no se pueden transferir a terceros sin ciertas restricciones.
- **Carencia de un código uniforme.** En ciertos estados, la empresa se disuelve con el fallecimiento, jubilación, renuncia o expulsión de un propietario. Algunos estados imponen un impuesto corporativo a las S. de R.L.
- **Restricción del tipo de negocio.** Una S. de R.L. no se puede usar para servicios profesionales como los de un contador, un abogado o un agente de seguros.

Para establecer una S. de R.L. (LLC) se sigue un camino similar al de la formación de una sociedad anónima. Se debe presentar un artículo de organización y pagar los derechos de registro correspondientes al Secretario de Estado del estado en el que el negocio se conforma. Puesto que los distintos estados difieren en cuanto a la información que solicitan, es prudente consultar a su abogado o contador si considera que la estructura legal de compañía de responsabilidad limitada es idónea para su negocio.

Consideraciones generales

Al elegir una estructura jurídica específica, es necesario considerar cuidadosamente todas las opciones disponibles y basar la decisión en una evaluación personal de los aspectos siguientes:

- **La magnitud del riesgo:** estudie el grado de responsabilidad del propietario en cuanto a deudas e impuestos bajo cada estructura. ¿Cuánta responsabilidad está usted dispuesto a asumir? ¿Cómo desea que se graven sus ganancias?
- **La continuidad del negocio:** si algo inesperado llegara a ocurrirle a usted, ¿qué sucedería con su negocio?
- **Su acceso a capital:** ¿cuánto dinero va a necesitar para crear y llevar su negocio? ¿De dónde va a obtener este dinero?
- **Sus habilidades gerenciales:** ¿cuál es su experiencia en los negocios? ¿Cuáles son las habilidades y capacidades que usted aporta a la compañía?
- **Su propósito al iniciar un negocio:** ¿cuál es su meta final? ¿Cuáles son las posibilidades de crecimiento del negocio?

No olvide que su elección inicial de una forma de negocio no tiene que ser permanente. Puede comenzar como propietario único y, a medida que su negocio crezca, desear incorporar socios. Conforme los riesgos de responsabilidad personal aumenten, quizá le convenga formar una sociedad anónima. Si cambia la estructura de un negocio ya existente, debe informar a las autoridades fiscales federales (IRS) y a la dependencia fiscal estatal. El cambio de forma jurídica de una propiedad exclusiva o una sociedad o asociación debe hacerse a través de la oficina de licencias de negocios, en tanto que las sociedades anónimas se registran ante la oficina del Secretario de Estado. La Small Business Administration publica material que abarca cada uno de los tipos de estructura jurídica. Si no está seguro en cuanto a cuál estructura de negocio es la mejor para su empresa, es recomendable consultar a un abogado que esté bien informado sobre los diversos tipos de organización empresarial.

PRESENTA TU NEGOCIO

La imagen de una compañía se basa principalmente en su correspondencia en papel. Los materiales de identidad como la papelería, las tarjetas de presentación y los sobres transmiten dicha imagen.

Desde el primer día en que su negocio comience a funcionar, será necesario que cuente con ciertos materiales que lo representen, no sólo ante sus clientes, sino ante los proveedores y los propietarios de otros negocios. Cuando esté organizando su empresa, tendrá que acercarse a proveedores, comerciantes y otras personas de negocios afines. Es importante que todos ellos perciban en su negocio una base de estabilidad; de otra manera, quizá no hagan caso de sus peticiones. Es prácticamente imposible realizar el trabajo preparatorio que se requiere para empezar un negocio sin disponer de tarjetas y papel membretado. También necesitará algún tipo de folleto para comenzar a anunciarlo. El marketing y la publicidad de un negocio se trata con más detalle en el paso 17. Aquí analizaremos la creación de su identidad gráfica a través del material impreso.

Identidad gráfica

La primera impresión es duradera y, con frecuencia, un negocio causa esta primera impresión mediante lo que se conoce como su "identidad gráfica", es decir, la representación visual de la compañía, lo que incluye el diseño del logo y el estilo del material de promoción.

La identidad gráfica o visual de una compañía por lo general incluye un logo, un logotipo (estilo de tipos de imprenta) y los colores de la compañía. Las combinaciones que usted elija crearán su identidad y harán que sus materiales de promoción y de empaque se reconozcan fácilmente. En el muy competitivo mundo actual, es importante ser reconocido, recordado y considerado como un negocio establecido.

Un **logo** es un símbolo que representa a la compañía. Puede ser un monograma de las iniciales de ésta o un diseño. Un logo es un medio rápido para hacer que la gente advierta y recuerde a su negocio. Al diseñar el suyo, asegúrese de que sea apropiado para su negocio y que el material gráfico sea acorde con los tiempos. Puede diseñarlo usted mismo, seleccionarlo entre los logos de línea que un impresor le ofrezca, contratar a un artista profesional, o trabajar con un estudiante de preparatoria o de artes gráficas. No olvide considerar la posibilidad de registrarlo en la Oficina de Derechos de Autor o en la Oficina de Patentes y Marcas de Washington, D.C. Consulte el paso 7 en lo referente a estas protecciones. Las direcciones de estas dependencias aparecen en el paso 19, sobre los recursos disponibles para los pequeños negocios.

El **logotipo** se refiere al estilo de tipos de imprenta que se usa para escribir el nombre de su negocio. El tamaño del tipo, la colocación y el estilo pueden comunicar muchas cosas acerca de su compañía. Hay cientos de estilos y tamaños de tipos disponibles y, dentro de cada familia, hay letra normal, *cursiva* y **negrita**.

Es frecuente que una compañía adopte **colores de la compañía**, por lo regular dos. Al igual que con el estilo de tipo, los colores elegidos pueden determinar el tono de los materiales de marketing. Asegúrese de que los que elija concuerden con su compañía y con la identidad que desea proyectar.

La suya puede ser una compañía pequeña que compite con empresas más grandes, o una nueva que entra en un mercado ya existente. Usted necesita dar la impresión de ser competente y estar bien establecido. Una identidad gráfica cuidadosamente pensada y puesta en práctica puede darle la ventaja que necesita y deberá durar por muchos años.

Tarjetas de presentación

La tarjeta de presentación es una de las herramientas de marketing de uso más universal. No sólo le da credibilidad a su negocio, sino que sirve como recordatorio visual de él y de usted. Procure mandar imprimir tarjetas de presentación tan pronto como pueda. Siempre que intente tener tratos con otra empresa o persona, deberá darle su tarjeta. Esto no sólo confiere credibilidad a su compañía: quien la recibe cuenta ahora con un recordatorio de usted y de ella.

Coleccione tarjetas a medida que establezca contactos en la comunidad empresarial, trate con proveedores y evalúe competidores. Cuando haya reunido 30 o 40 de ellas, acomódelas sobre una mesa. Ahora, examínelas y vea cuáles atraen su mirada; después, evalúe aquellas que llamaron su atención en términos de las preguntas siguientes:

- ¿Qué es lo primero que llama la atención en esta tarjeta?
- ¿Es el logo apropiado y descriptivo?
- ¿Es legible el nombre de la compañía?
- ¿Se incluyen el nombre y número telefónico de la persona que es el contacto?
- ¿Indica la tarjeta el producto que se ofrece?
- ¿Proporciona la tarjeta la ubicación del negocio?
- ¿Es agradable su aspecto general?
- ¿Recordaría usted esta tarjeta?

Formule las mismas preguntas respecto a su tarjeta mientras la diseña y recuerde los puntos siguientes:

- El logo debe ser apropiado y descriptivo.
- El nombre de la compañía debe ser legible y tener el tamaño de letra correcto.
- En la tarjeta debe aparecer el nombre y número telefónico de una persona que actúe como contacto.
- Incluya un enunciado acerca del producto o servicio que se ofrece.
- La apariencia general de la tarjeta debe ser agradable.
- El cliente deberá poder recordarla.

Una tarjeta de presentación es como una minicartelera; debe indicar el qué, el por qué, el quién, el cómo, el cuándo y el dónde de su negocio.

No adquiera sus primeras tarjetas en gran cantidad. Aunque la compra de muchas le ahorrará dinero en el precio por unidad, de nada le servirán mil tarjetas si la información que contienen ya no es válida. Sencillamente tendrá que desecharlas y el dinero ahorrado se perderá. En muy poco tiempo se verá en la necesidad de modificar su tarjeta por diversas razones: cambio de domicilio, adición de un logo, inclusión de un número de fax o una dirección de correo electrónico, aumento de nuevos productos o servicios. En el ejemplo de **Evolución de una tarjeta de presentación**, en la página 58, se muestra la evolución de las tarjetas de presentación de la compañía Out of Your Mind... and Into the Marketplace™.

A medida que la ubicación y la naturaleza del negocio cambiaron, también lo hizo la tarjeta. Todos los negocios cambian al crecer. Si usted adquiere sus tarjetas en cantidades razonables evitará tener que desechar las que ya no correspondan a su situación.

Materiales de promoción

Una tarjeta de presentación, el papel membretado y un folleto son los materiales primordiales de promoción de todos los negocios. La que sigue es una lista de materiales impresos que su compañía puede utilizar para promover el negocio y presentar su imagen gráfica.

Folletos	Facturas
Letrero en el edificio	Papel membretado
Tarjetas de presentación	Rótulos para envíos por correo
Sobres de respuesta del negocio	Insignias de nombre
Cheques	Carpetas de presentación
Contratos/Convenios	Regalos de promoción
Letreros en escaparates	Órdenes de compra
Sobres	Uniformes
Volantes	Letreros en vehículos

Ya hemos analizado la tarjeta de presentación. El otro material impreso que necesitará es el **papel membretado**, esto es, el papel de su negocio, que deberá usarse para toda la correspondencia del mismo, pues también le otorga credibilidad. El color, tipo y calidad del papel que use será un reflejo de su compañía. Expanda la información que resumió en su tarjeta de presentación y desarrolle una apariencia que se aprecie en todos sus materiales de promoción y se traslade al diseño de sus empaques. Reproduzca el formato, estilo de tipos de imprenta y colores empleados en su tarjeta de presentación para conseguir continuidad. Cuando mande imprimir su papel membretado, adquiera una cantidad menor de hojas sin membrete. Cuando se escribe una carta de negocios, el papel membretado se usa sólo para la primera página.

Los **folletos** son fundamentales para cualquier negocio en el que sea necesario proporcionar a los clientes potenciales información detallada acerca de la preparación y competencia del propietario y de los servicios y productos que se ofrecen. En un folleto se puede suministrar más información que la que sería práctico incluir en un anuncio clasificado. Los folletos se pueden enviar por correo, distribuir de puerta en puerta o repartirse en eventos de la comunidad y exhibiciones comerciales. En la página 59 se incluye una hoja de instrucciones con el título **Pautas para el diseño de un folleto**, con el propósito de ayudarle a crear el propio.

Los que hemos mencionado son los principales materiales de presentación que se usan para un pequeño negocio. A medida que el suyo crezca, tendrá que desarrollar otros. Si se dedica a las ventas al menudeo, tal vez decida mandar imprimir un catálogo, incluso en color, y enviarlo por correo a sus clientes. Con el tiempo puede ser que necesite letreros para un escaparate, su edificio o su vehículo. Con el propósito de crear una "imagen total" para su negocio, puede expandir su identidad gráfica incluyendo en ella los cheques del negocio, los rótulos para envíos por correo, las formas de órdenes de compra y las facturas. Para el pequeño negocio que apenas arranca, las tarjetas de presentación, el papel membretado y un folleto básico o forma de pedido son suficientes para esa etapa. En la página 60 se incluye una **Guía para elaborar una forma de pedido**.

Cómo elegir un impresor

Dos de las consideraciones principales para elegir un impresor son la calidad del trabajo y el precio. A veces la oferta más baja no es la más económica. Si la hechura del proyecto y la calidad de los materiales son deficientes, ello dañará la imagen de su negocio. Después de todo, los materiales de presentación que usted emplee determinarán la percepción que sus clientes, proveedores y consumidores tengan de él.

La calidad y el precio varían de un impresor a otro. Es recomendable visitar a tres o cuatro. Consiga una lista de precios y examine muestras de su trabajo. Las tarjetas de presentación y el papel membretado se pueden mandar a hacer en un taller, y los folletos en otro que se especialice en esa clase de material impreso.

Para ahorrar dinero, gran parte de la impresión se puede hacer a partir de originales listos para fotografiarse (o mecánicos). Esto significa que se lleva al impresor el producto terminado listo para su reproducción. Ahora bien, estos originales sólo son convenientes si logra que su diseño tenga una apariencia profesional y de negocio formal. Las compañías de autoedición le pueden ayudar con este trabajo.

Antes de mandar a hacer sus impresos, asegúrese de obtener un presupuesto por escrito. A una colega se le hizo una cotización verbal para la impresión de folletos y cajas para un artículo novedoso. Cuando le entregaron el material, pagó la cuenta completa. Un mes más tarde, recibió sorprendida otra cuenta por concepto de cargos de montaje. El impresor afirmaba que estos últimos cubrían la preparación y el entintado de la prensa y se cobraban por separado. La propietaria consultó a un abogado y la conclusión fue que era legalmente responsable de los cargos adicionales. Puesto que no existía un convenio por escrito, no pudo probar lo que ella afirmaba.

Evolución de una tarjeta de presentación

Los ejemplos siguientes ilustran las modificaciones que se hicieron a las tarjetas de presentación para agregar un logo y un número de fax, para cambiar las direcciones y números telefónicos y para reflejar los cambios en la naturaleza del negocio. Out of Your Mind... And Into the Marketplace™ se inició como un pequeño servicio casero de asesoría ubicado en Fullerton, California. Más tarde se incorporó un logo, se expandió el servicio para incluir seminarios y libros de texto, la oficina principal se reubicó en Tustin y se abrió otra en Camarillo, California. El negocio desarrolló programas de capacitación y software para planificación de negocios, y ahora ofrece asesoría en elaboración de planes de negocios y edición de libros. Para crecer, los negocios deben ser dinámicos. Con el propósito de mantener informado al mercado, estos cambios deben reflejarse en esa "minicartelera" que es la tarjeta de presentación. Utilice su criterio para la adquisición de cantidades grandes de materiales de promoción.

OUT OF YOUR MIND. . . .
AND INTO THE MARKETPLACE

SMALL & HOME-BASED BUSINESS CONSULTING

Jerry Jinnett
&
Linda Pinson

3031 Colt Way # 223
Fullerton, CA 92633
Tel. No. (714) 523-1949

Small Business Consulting
Textbooks
Seminars

OUT OF YOUR MIND. . . .
AND INTO THE MARKETPLACE™

LINDA PINSON	JERRY JINNETT
13381 WHITE SAND DRIVE	1734 SHORELINE STREET
TUSTIN, CA 92680	CAMARILLO, CA 93010
TEL. NO. (714) 544-0248	TEL. NO. (805) 484-2135

OUT OF YOUR MIND. . . .
AND INTO THE MARKETPLACE ™

PUBLISHER OF BUSINESS BOOKS & BUSINESS PLAN SOFTWARE

International Business Consulting
Business Plan Consulting
Business Education Programs

LINDA PINSON
President
13381 WHITE SAND DRIVE
TUSTIN, CA 92680
TEL: (714) 544-0248
FAX: (714) 730-1414
EMAIL: LPINSON@AOL.COM

OUT OF YOUR MIND. . . .
AND INTO THE MARKETPLACE™

AUTHORS OF BUSINESS BOOKS & BUSINESS PLAN SOFTWARE

Business Education Programs
Business Education Programs
Publishing Consulting

JERRY JINNETT
2824 Bedford Street
Johnstown, PA 15904
(814) 266-9187
CA Office: (714) 544-0248

Pautas para el diseño de un folleto

Folleto es un término genérico que describe un artículo de promoción que contiene la información siguiente acerca de su negocio:

1. *Nombre de la compañía*

2. *Dirección de la compañía*
   No olvide incluir la dirección completa y el código postal.

3. *Números telefónicos y de fax*
   No olvide incluir el código de área. También incluya su dirección de correo electrónico.

4. *Personas clave*
   Los clientes desean conocer los antecedentes y la competencia de las personas con las que harán tratos de negocios y se sienten más cómodos si pueden preguntar por una persona contacto por su nombre. Puede ser conveniente incluir currículos breves de las personas clave dentro del negocio, así como sus fotografías.

5. *Lo que se ofrece*
   Lo que se ofrece son las características y atributos de su producto o servicio, y "revelan" lo que es su negocio.

6. *Beneficios*
   Los beneficios "venden" su negocio, pues describen las ventajas de adquirir y usar su producto o servicio.

7. *Enunciado del propósito*
   La inclusión del enunciado de la misión de su negocio transmite la filosofía y las metas de éste al cliente.

8. *Testimonios de clientes satisfechos*

Guía para elaborar una forma de pedido

Casi todos los negocios que venden productos y algunos que ofrecen servicios necesitan una forma de pedido que indique al cliente los términos de una venta. La siguiente servirá como guía.

1. *Nombre de la compañía.*

2. *Dirección comercial.* No olvide incluir la dirección completa y el código postal.

3. *Números telefónicos y de fax.* No olvide incluir el código de área y la dirección de correo electrónico.

4. *Nombre de una persona contacto.* Los clientes prefieren preguntar por un individuo cuando llaman.

5. *Fotos o dibujos* de su producto, o una representación de su servicio.

6. *Descripción de su producto o servicio.*

7. *Lista de precios.* Indique si el precio es de mayoreo o menudeo. Indique los descuentos por cantidad, en su caso.

8. *Condiciones de pago:*
   A. *Neto a 30:* la factura se deberá liquidar totalmente en 30 días como máximo.
   B. *Neto a 30, 2%/10:* la factura se pagará completa en 30 días. Si se paga antes de 10 días, se puede hacer un descuento de 2% sobre la cuenta excluyendo los cargos por envío.
   C. *C.O.D. (pago contra entrega):* la factura se debe pagar al agente encargado de la entrega al recibir la mercancía.
   D. *Proforma:* la mercancía se enviará después de recibido el pago completo.

9. *Política de devoluciones:* si lo desea, puede incluir un enunciado como sigue: "Las devoluciones o ajustes deberán hacerse antes de transcurridos 14 días de recibida la mercancía". Utilice el marco temporal de su elección.

10. *Términos de embarque:* FOB Origen significa que el cliente paga los cargos por embarque y asume la responsabilidad de la mercancía desde el momento en que ésta sale de su negocio. Ejemplo: FOB Tustin, CA

11. *Política de pedido mínimo:* puede ser una cantidad en dinero o en unidades.

12. *Garantía.*

PROTEGE TU NEGOCIO

Todos tenemos grandes ideas para nuevos productos o servicios que por lo general guardamos en algún rincón de nuestra mente; pensamos que son tontas o tememos que, si las damos a conocer, nos las robarán. No se preocupe porque sean "tontas". No permita que el temor de que le roben su idea le impida llevarla al mercado. Para desarrollar y vender ideas es preciso revelarlas.

Cuando usted está formando su empresa, necesita asegurarse de no infringir los derechos de otros y de obtener protección para su propio trabajo.

Carta de manifestación

Una forma de proteger su idea es mediante el uso de una carta de manifestación, en la que describe su idea de un nuevo producto o servicio y expone en detalle la investigación y el trabajo realizados a la fecha, además de citar a las personas con las que ha tenido contacto en el curso de su investigación. Ponga fecha a la carta y regístrela ante un notario. Su propósito es verificar la fecha a partir de la cual se puede decir que la idea le pertenece. Guárdela en un sobre sellado y archívela en un lugar seguro.

Diario

El establecimiento de una fecha por medio de una carta de manifestación no es suficiente. Usted debe poder demostrar que participa en un **negocio activo**, en contraposición a una **actividad pasiva**. Un negocio activo es capaz de demostrar un trabajo continuo y un avance en cuanto a la transformación de la idea en un producto o servicio viable. Esto se puede hacer llevando un **registro** o un **diario**, en el cual se describe el trabajo en curso por medio de anotaciones diarias. Para que pueda considerarse como documento legal, el diario debe ser un libro encuadernado (no de hojas sueltas), tener páginas numeradas de forma consecutiva, estar escrito con tinta y no contener borrones. Si comete un error, crúcelo con una línea, ponga sus iniciales y haga la corrección. No use líquido corrector. Incluya información relativa a las personas con quienes ha hablado de su idea y las fechas y lugares de las reuniones. El diario y la carta de manifestación le proporcionarán la seguridad que necesita para comenzar su investigación de mercado. Es posible obtener protección adicional a través de un derecho de autor, una marca comercial o una patente. En la página 72 se incluye una **Muestra de página de diario** con anotaciones.

Derecho de autor (*copyright*)

El **derecho de autor** es una protección legal que se proporciona a los autores de "obras originales de autoría fijas en una forma tangible de expresión". La condición de estar fijas no necesita ser directamente perceptible, en tanto se pueda comunicar con ayuda de una máquina o dispositivo. Las obras para las que se pueden obtener derechos de autor incluyen las categorías siguientes:

- obras literarias
- obras musicales, incluidas las letras que las acompañen, en su caso
- obras dramáticas, incluida la música que las acompañe, en su caso
- pantomimas y obras coreográficas
- obras pictóricas, gráficas y de escultura
- obras cinematográficas y otras obras audiovisuales
- grabaciones sonoras
- obras arquitectónicas
- medios electrónicos

Estas categorías abarcan un área amplia. Es posible que tenga dificultades para determinar la categoría en la cual se debe registrar su obra. Esto se puede aclarar mediante una llamada telefónica a la Oficina de Derechos de Autor. En la sección de Recursos, al final de este libro, encontrará la dirección y el número telefónico de la Copyright Office.

Bajo la legislación actual de Estados Unidos, la protección a los derechos de autor se asegura automáticamente cuando la obra se crea, y una obra se "crea" cuando se fija en una copia o en un fonograma por primera vez. Las "copias" son objetos materiales de las cuales una obra se puede leer o percibir visualmente, ya sea de manera directa o con ayuda de una máquina o dispositivo como pueden ser libros, manuscritos, hojas de música escrita, películas, videocintas o microfilmes. Los "fonogramas" son objetos materiales que contienen sonidos fijos, como cintas de audio y discos fonográficos.

Para las obras publicadas a partir del 1° de marzo de 1989, inclusive, el uso de la leyenda de "copyright"

es optativo, aunque es altamente recomendable. Antes
de esta fecha, dicho uso era obligatorio en todas las obras
publicadas, y cualquier obra publicada por primera vez
antes de esa fecha debe llevarlas pues de lo contrario se
corre el riesgo de perder la protección a los derechos de
autor.

El uso de la leyenda es recomendable porque infor-
ma al público que la obra está protegida por derechos de
autor, identifica al propietario de éstos y muestra el año
de la primera publicación. La leyenda para copias
visualmente perceptibles debe contener los tres elementos siguientes:

1. **El símbolo** © (la letra c en un círculo), o la palabra "Copyright" o la abreviatura "Copr.".
2. **El año de la primera publicación** de la obra.
3. **El nombre del propietario de los derechos de
   autor** en la obra, una abreviatura que permita re-
   conocer el nombre, o una designación alternativa del propietario que sea conocida en general.

Ejemplo: © Juana Pérez

El símbolo de "c en un círculo" se usa sólo en "copias visualmente perceptibles". Ciertos tipos de obras,
como las de índole musical, dramática y literaria, se
pueden fijar por medio de sonido en una grabación de
audio.

En términos generales, no se requiere la publicación
o la inscripción en la Oficina de Derechos de Autor para
asegurar los derechos. Sin embargo, el registro ofrece
ciertas ventajas:

• La inscripción establece un registro público de la
  reivindicación de los derechos de autor.
• Para que se pueda presentar ante un tribunal una
  demanda por violación de obras de origen estadunidense y obras extranjeras que no se originen

en un país de la Convención de Berna, es necesaria la inscripción previa. (Para aclaraciones, solicite la Circular 93 de la Oficina de Derechos de Autor.)

- Si se hace dentro de los cinco años siguientes a la fecha de publicación, la inscripción establece ante un tribunal evidencia *prima facie* de la validez de los derechos de autor y de los hechos expresados en el certificado.
- Si la inscripción se hace dentro de los tres meses siguientes a la publicación de la obra, o antes de que ocurra una violación de la misma, el propietario de los derechos de autor se hará acreedor a la compensación por daños establecida por la ley y a los honorarios de los abogados en los actos jurídicos.
- La inscripción de los derechos de autor permite al propietario de los mismos registrar la inscripción en el Servicio Aduanal de los Estados Unidos para obtener protección contra la importación de copias que violen sus derechos.

La inscripción se puede hacer en cualquier momento dentro de la vigencia de los derechos de autor.

Para registrar una obra, envíe los tres elementos siguientes en el mismo sobre o paquete a la Oficina de Derechos de Autor (Copyright Office). La dirección aparece en la sección de Recursos al final de este libro.

- Una solicitud con los datos correctos anotados. (La Oficina de Derechos de Autor proporciona formas gratuitas.)
- Honorarios de registro no rembolsables por $20. (Los honorarios por derechos de autor se ajustan a intervalos de cinco años, con base en el Índice de Precios al Consumidor. Llame a la Oficina de Derechos de Autor para conocer las tarifas vigentes.)

- Un depósito no rembolsable del trabajo que se registra. Los requisitos del depósito varían en situaciones específicas y existen requisitos especiales de depósito para muchos tipos de obras. Si tiene dudas al respecto, escriba o llame a la Oficina de Derechos de Autor y describa la obra que desea registrar.

Un registro de derechos de autor entra en vigor en la fecha en que la Oficina correspondiente recibe todos los elementos necesarios en la forma aceptable, sin tomar en cuenta cuánto tiempo lleve procesar la solicitud y enviar por correo el certificado de registro. La protección de los derechos de autor es válida durante toda la vida del autor y los 50 años posteriores a su fallecimiento. El uso de la leyenda de derechos de autor es responsabilidad del propietario de los mismos y no requiere permiso por adelantado o inscripción en la Oficina de Derechos de Autor.

Marca comercial

Una **marca comercial** es una palabra, símbolo, nombre especial, diseño, logo, *slogan* (o lema), o alguna combinación de los anteriores, que una compañía utiliza para identificar sus productos. Una **marca de servicio** identifica y distingue un servicio en vez de un producto. Una **razón social** se emplea para designar una compañía, más que un producto o servicio. En general, el estatuto federal para marcas comerciales abarca marcas de servicio, marcas comerciales y palabras, nombres o símbolos que identifican o son capaces de distinguir mercancías o servicios. No se pueden registrar derechos de autor de nombres, títulos y otras frases o expresiones breves.

Hasta hace poco tiempo, los derechos de marcas comerciales y de marcas de servicio se otorgaban con base en su uso. En los Estados Unidos sólo se podía hacer una solicitud para registrar una marca comercial si la misma se había usado efectivamente para un producto o servicio ofrecido para su venta a través del comercio interestatal. Los cambios recientes en la ley de marcas comerciales de los Estados Unidos permiten ahora que una compañía o individuo presente una solicitud de marca comercial con el propósito de "reservar" esa marca para otorgamiento de licencias en el futuro y para protegerla hasta por tres años antes de que se use efectivamente en el comercio. A éstas se les conoce como solicitudes de "intención de uso".

La renovación de una marca comercial se hace cada diez años. Se pagan derechos por la renovación y se aplica una multa a las solicitudes de renovación retrasadas.

Aunque el registro no es obligatorio, el mismo proporciona cierta protección legal a los propietarios de marcas comerciales en los Estados Unidos. Las formas para solicitud y registro están disponibles en la Oficina de Patentes y Marcas (Patent and Trademark Office), cuyos datos aparecen en la sección de Recursos. Para el registro son necesarios tres pasos:

1. Una forma de registro con los datos correctos anotados
2. Un pago no rembolsable por derechos de registro de $245
3. Una representación física de la marca

Existe un formato estándar para el uso del símbolo de marca comercial. En inglés, se deben colocar las letras "TM" (^{TM}) después de cada uso de la marca o símbolo (en español, ^{MR}). Para una marca de servicio se usan las letras "SM" (^{SM}). Una vez completado y confirmado el registro de la marca comercial, se deberá colocar el símbolo R encerrado en un círculo (®) enseguida de cada uso de la palabra o símbolo que constituye la marca.

Estas marcas sirven para identificar y distinguir los productos, mercancías o servicios de su propietario respecto a los de la competencia, y constituyen buenas herramientas de marketing siempre y cuando se conserve la calidad y reputación de las mercancías y servicios.

Patente

Cuando se tiene una idea para un nuevo invento o proceso, es importante analizar la misma en cuanto a originalidad y patentabilidad. Uno de los pasos más difíciles para obtener una patente es determinar su "novedad". La determinación de la novedad implica dos aspectos:

- Un análisis acorde con normas específicas establecidas por la Oficina de Patentes
- Determinar si alguien la ha patentado con anterioridad

La única forma segura de hacer esto es llevar a cabo una búsqueda en los archivos de la Oficina de Patentes. Para ayudar a que estos archivos estén disponibles para el público, el gobierno federal de los Estados Unidos estableció el programa de bibliotecas de publicaciones oficiales *(Depository Library Program)*. Estas bibliotecas ofrecen las publicaciones del U.S. Patent Classification System (Sistema de clasificación de patentes de los Estados Unidos), contienen las publicaciones recientes de patentes de este país, conservan colecciones de patentes emitidas en el pasado y proporcionan asistencia en cuanto a su uso a través de personal técnico. Se puede obtener una lista de las bibliotecas de publicaciones oficiales en la Oficina de Impresos Gubernamentales (Government Printing Office). Una investigación de patentes otorgadas puede proporcionarle mucha información. Además de indicar si su dispositivo es patentable, tal vez le muestre patentes mejores que la suya pero que no se están aplicando para producir. Esto le permitirá establecer contacto con el inventor y llegar a un acuerdo para que el producto sea fabricado y comercializado por su compañía.

Un servicio adicional que la Oficina de Patentes proporciona a los inventores es la aceptación y conservación, por un periodo de dos años, de los documentos que manifiestan un invento. Este "documento de manifestación" se acepta como prueba de las fechas de concepción del mismo y se conserva durante dos años. La manifestación debe ir acompañada de los derechos correspondientes y también de un sobre franqueado dirigido al propio inventor junto con una copia por duplicado firmada por éste. Los documentos se marcan con un número de identificación y se devuelven con el recordatorio de que el documento de manifestación sirve sólo como prueba de la fecha de concepción y de que se debe presentar una solicitud para obtener la protección de una patente. Durante ese tiempo usted debe comprobar que el trabajo ha continuado y que está involucrado en un proceso "activo", en contraposición a uno "pasivo". Esto se puede hacer mediante el uso del diario, el cual ya se ha comentado en este paso.

Una solicitud de patente se hace ante el Comisionado de Patentes y Marcas e incluye:

1. Un documento por escrito que comprende una especificación (descripción y reclamaciones) y un juramento de declaración
2. Un dibujo, cuando es necesario
3. Los derechos de registro, de acuerdo con las tarifas vigentes

El periodo de vigencia de la patente es de 17 años y se deben pagar derechos de mantenimiento a los tres y medio, siete y medio y 11 y medio años, contados a partir de la concesión original para todas las patentes emitidas con base en solicitudes presentadas a partir del 12 de diciembre de 1980 inclusive. Los derechos de mantenimiento se deben pagar en las fechas estipuladas para conservar la vigencia de dicha patente. Una vez que la misma ha expirado, cualquiera puede fabricar, usar o vender el invento sin permiso del titular, siempre y cuando no se utilice el material cubierto por otras patentes todavía vigentes.

La elaboración de una solicitud de patente y la realización de los trámites ante la Oficina de Patentes y Marcas para obtenerla requieren un conocimiento exhaustivo de los aspectos científicos o técnicos implicados, así como el conocimiento de los aspectos jurídicos del proceso de patentado. Aunque el inventor puede elaborar y presentar su propia solicitud y llevar a cabo los trámites por su cuenta, puede toparse con dificultades considerables. El proceso de obtención de una patente suele ser tedioso, complicado y largo. La mayoría de los inventores emplean los servicios de abogados de patentes registrados o de agentes de patentes. Sin embargo, le será provechoso conocer en la medida de lo posible el proceso. La dirección de la Oficina de Patentes (Patent Office) se incluye en el Paso 19: Cómo aprovechar los recursos disponibles para el pequeño negocio.

Solicitud provisional de patente

En junio de 1995, el Congreso de los Estados Unidos aprobó la Solicitud Provisional de Patente (PPA, *Provisional Patent Application*), ideada para que los inventores individuales muestren sus inventos a fabricantes e inversionistas potenciales sin temor de que les roben sus ideas. Junto con una cuota de registro de $75, se presenta una portada de una página, un enunciado de declaración, dibujos informales y una descripción detallada del invento. La información de la PPA se guarda de manera confidencial, expira automáticamente 12 meses después de presentada, y no sustituye la necesidad de solicitar una patente normal. Antes de que la PPA expire, el solicitante debe presentar una solicitud no provisional para obtener una patente. Para conocer detalles específicos acerca de modificaciones a las leyes y la práctica en relación con patentes en Estados Unidos, póngase en contacto con la organización que se indica en la sección de Recursos de este libro.

Muestra de página de diario

8 de octubre de 1998: Adams Community College, Blair, NY: tomé seminario de Procedimientos básicos de registro. Reunión con la instructora, Linda Pinson, para hablar de asesoría y de cómo establecer mi sistema para llevar registros.

11 de octubre de 1998: contacto con Daniel Jiménez del Adams Community College respecto a enseñanza de habilidades básicas de pesca con anzuelo. Juntos elaboraremos un cuestionario que se distribuirá entre los estudiantes para determinar cuánto interés existe. (555) 555-7642.

18 de octubre de 1998: arreglos para hablar ante la Cámara de Comercio sobre el tema "Deportes alternativos" el jueves 12 de diciembre de 1998 en el restaurante El Mercado. Contacto: Jimena Morales (714) 555-9734. Distribuiré cuestionario para determinar si existe interés por una tienda de artículos deportivos en esta comunidad.

26 de octubre de 1998: impartí clase de "Conceptos básicos de la pesca con anzuelo" de las 7 a las 9 p.m. en el Adams Community College, Blair. Asistieron 27 estudiantes (de 18 a 52 años de edad); cinco de ellos expresaron interés en cuanto a una excursión de pesca: Samuel Robles 463-9728; Gregorio Sosa 743-9652; Sara Benítez 462-8931; Susana Vélez 426-9276 y David Kelley 626-6201.

1° de noviembre de 1998: monté exhibición en Días Comunitarios en el parque de la Calle de la Playa. Al evento asistieron aproximadamente 10,000 personas. Realicé entrevistas con cuestionario a 462 personas, que respondieron como sigue:

1. Experiencia previa en pesca = 36
   ¿Dónde?: río = 12 mar = 24
   ¿Disfrutó la experiencia?
   Sí = 16 (con supervisión, equipo de seguridad, guía competente)
   No = 20 (mala planeación, fuera de horario, cancelación sin rembolso)

2. Interés en clases de pesca con anzuelo = 216
   Tardes = 113
   Entre semana = 26
   Sábado = 186

3. Interés en excursiones de pesca = 36

4. ¿Cuánto esperaría pagar?
   De $35 a $50 por cuatro horas de clase; de $175 a $250 por excursión de dos días.

5. La mayoría leía el *Register* (397), escuchaba *Radio KZLM* (201), respondía a los *Penny Savers* (cupones de promoción) (122).

8 de noviembre de 1998: Reunión programada para el 11 de diciembre a las 10:00 con el Sr. Jaime Álvarez de SCORE para analizar la elaboración de un plan de negocios.

Tramita una licencia de negocio

¿Por qué se debe obtener una licencia de negocio?

Para que su negocio opere dentro de la ley, es necesario que usted obtenga una licencia o permiso en la ciudad o condado donde esté ubicado.

Si la empresa tiene relación con servicios y realiza alguna fracción de su trabajo en otras ciudades fuera de su centro de operación, es posible que se le solicite la obtención de licencias en esas ciudades. Por ejemplo, si usted tiene un servicio de reparaciones y hace varios servicios en viviendas ubicadas fuera de la ciudad donde se encuentra su taller, estaría obligado a adquirir licencias en las ciudades en las que proporciona servicio. Para trabajos ocasionales en otra ciudad, puede ser que sólo esté obligado a obtener un permiso para los días en que llevará a cabo el trabajo.

Las licencias de negocio son asunto serio en casi todas las ciudades, pues constituyen una fuente de ingresos para la ciudad o condado. Asimismo, el otorgamiento de licencias es un medio que permite controlar los tipos de negocios que operan dentro de las jurisdicciones correspondientes.

Es cierto que en la actualidad un buen número de negocios opera sin licencia. Una campaña realizada a principios de 1996 en una ciudad importante mostró que casi el 50 por ciento de sus negocios no exhibieron licencias de negocio vigentes. Se impusieron multas y se emitió un ultimátum respecto a que, de no obtenerse la licencia correspondiente, se procedería a la clausura. Una licencia de negocio no es costosa y confiere credibilidad a su negocio. Si carece de una, usted también corre el riesgo de ser descubierto y multado, y hasta de que se impida el funcionamiento de su negocio.

Consideraciones de ubicación

En el paso 4: "Cómo elegir una ubicación para el negocio", expusimos los aspectos básicos de la selección de un local para su negocio. La selección de la ubicación y la obtención de la licencia constituyen un proceso interactivo. Una licencia de negocio se otorga para una ubicación específica, y la selección de la ubicación debe tomar en cuenta las restricciones a la concesión de licencias.

Póngase en contacto con la Oficina del Actuario del municipio o condado donde desee ubicar su base de operación; es una fuente excelente de información en lo concerniente a los permisos sanitarios, de policía y de bomberos que su negocio necesita. Puesto que cualquier local comercial debe apegarse a la reglamentación de uso de suelo, la comisión correspondiente le podrá confirmar si su negocio está aprobado para la ubicación que ha elegido. La oficina local de licencias de negocio también le puede ayudar a tomar su decisión proporcionándole información respecto a restricciones especiales en cuanto a los tipos de negocios permitidos o prohibidos en un lugar determinado.

Si ha decidido establecerse en un centro comercial, en un área industrial o en otra ubicación comercial, solicite en la cámara de comercio de la ciudad publicaciones que contengan listas de instalaciones disponibles e incluyan datos de superficie en pies cuadrados, precio por pie cuadrado y demás información pertinente.

También puede ponerse en contacto con la administración del complejo comercial o industrial que le interese y pedir información por escrito respecto a ese lugar y a la disponibilidad actual de espacio para arrendamiento. Sin duda podrá obtener información detallada en cuanto a condiciones de arrendamiento, restricciones, patrones de tránsito y otros datos demográficos. Asegúrese de leer cuidadosamente y entender todas las cláusulas del contrato de arrendamiento, las cuales varían y pueden muy bien marcar la diferencia entre tener utilidades o pérdidas en su negocio.

Obtención de una licencia para un negocio casero

Si ha decidido tener un negocio casero, es posible que las restricciones no le permitan obtener una licencia para operar en su ciudad, en cuyo caso se vería obligado a trasladar su negocio fuera de casa o a trabajar fuera de la ley. Si su familia se va a mudar y usted es un empresario experimentado, quizá le convenga seleccionar su vivienda considerando si los reglamentos de ese municipio le permiten operar su negocio (o cualquier negocio) desde su casa.

Si piensa vivir en una comunidad planificada, no olvide verificar si existen restricciones establecidas por la asociación relacionadas con el uso de su vivienda para un negocio. Aun cuando el municipio permita dicha operación, la asociación podría impedirla.

Los distintos tipos de negocios pueden estar sujetos a restricciones especiales por parte del municipio o condado. Por ejemplo, es posible que un negocio de pedidos por correo sea permitido en su casa, pero una actividad de venta directa puede estar prohibida. Quizá se permita un negocio de reparación, pero sólo si no implica el uso de sustancias químicas tóxicas. Es probable que no se permita la operación de servicios de alimentos, pero el municipio podría permitirle el uso de su vivienda como oficina administrativa para su negocio.

En la mayoría de las ciudades y comunidades planificadas no se permite que los negocios caseros cambien la apariencia del vecindario y, por tanto, puede estar prohibido el uso de anuncios o de equipo que sea visible desde la calle; además, el negocio tendrá que someterse a inspecciones frecuentes por parte de la policía y los bomberos para verificar que no viole alguna de las diversas restricciones.

La realización de un poco de trabajo preparatorio diligente por adelantado eliminará la posibilidad de elegir una ubicación para el negocio tan sólo para encontrarse más tarde con que no era una opción apropiada o lícita.

Cómo solicitar una licencia de negocio

Cuando haya determinado que su negocio satisface todos los requisitos específicos para operar en el municipio o condado que ha elegido, es el momento de acudir a la Oficina de Licencias de Negocio de la Oficina del Actuario del municipio o condado para legalizar su negocio.

Se le pedirá llenar una solicitud. Llame previamente por teléfono para averiguar qué información necesita para ello; esto le ahorrará tiempo y le permitirá tener todos los datos a la mano cuando los necesite.

La solicitud es por lo común bastante sencilla y requiere sólo información general. Es probable que se le pidan datos específicos como el nombre del negocio, los nombres de los propietarios, la dirección del negocio, el tipo de empresa, el número de empleados, el ingreso bruto esperado, los vehículos que va a utilizar y demás información pertinente.

La cuota ordinaria para un negocio puede ser tan baja como 10 centavos por cada $1,000 de ingresos proyectados. También hemos visto la aplicación de derechos específicos por licencia aplicados a ciertos tipos de negocio. Por ejemplo, en una ciudad del este de Estados Unidos, el cargo por una licencia para un negocio casero es de $350.

Es probable que se le pida dejar su solicitud con los datos completos junto con los derechos de un año (calculados con base en los ingresos brutos proyectados). Su solicitud será revisada por las personas idóneas y la licencia se emitirá o se negará unos cuantos días después.

Las licencias de negocio se renuevan cada año, de acuerdo con las normas y reglamentos de ese municipio o condado. Se le enviará a usted un aviso de renovación, pero es su responsabilidad renovar la licencia aunque la dependencia encargada de otorgarlas no se ponga en contacto con usted.

Exhiba siempre su licencia de negocio

La posesión de una licencia de negocio es un medio para asegurar a sus clientes que su negocio es legal. La licencia se debe exhibir en un lugar visible del local del negocio. Si usted exhibe o vende en una exposición comercial, debe (de hecho, puede estar obligado a) exhibir una copia de la licencia. También se le puede solicitar una copia de su licencia de negocio para abrir cuentas con vendedores o para ser admitido en exposiciones comerciales e industriales.

Muestra

Para darle una idea de los tipos de información que quizá necesite, en la página siguiente se muestra un ejemplo de solicitud de licencia de negocio. Las solicitudes pueden variar según la ciudad o el condado.

Ejemplo de solicitud de licencia de negocio

CITY OF WESTMINSTER APPLICATION FOR BUSINESS, PROFESSION AND TRADE LICENSE
(SOLICITUD DE LICENCIA DE NEGOCIO, PROFESIÓN Y OFICIO DE LA CIUDAD DE WESTMINSTER)

Business name (Nombre del negocio)	Date (Fecha)	Property owner name (Nombre del dueño de la propiedad)
Business name [e] (Nombre del negocio)	Business phone (Teléfono del negocio)	Phone number (Número de teléfono)
Business address (Domicilio del negocio)	Ownerships (Propiedad)	Alarm company name (Nombre de la compañía de alarmas)
Mailing address (Dirección de correos)	Sole (Exclusiva) [X]	Phone number (Teléfono)
	Partnership (Sociedad o asociación) [ ]	
Type of business (Tipo de negocio)	Corporation (Sociedad anónima) [ ]	

Federal employer ID No. (Núm. ID de patrón federal)	State employer ID No. (Núm. ID de patrón estatal)	Sales tax number (Núm. impuestos s/las ventas)	Contractor's No. (Núm. de contratista)

Tax (Impuesto) _____ Application (Aplicación) _____ Penalty (Multa) _____ Total paid (Total pagado) _____ Fictitious name No. (Núm. Nombre ficticio) _____

BUSINESS OWNER(S) ... PARTNER(S) ... OFFICER(S)
(PROPIETARIO[S] DEL NEGOCIO ... SOCIO[S] ... FUNCIONARIO[S])

Home address (Domicilio casa)

	Confidential (Confidencial)
1 Name (Nombre) _____ Title (Puesto) _____ Street (Calle) _____ Phone (Teléfono) _____ City (Ciudad) _____ State (Estado) _____ Zip (CP) _____	Driver's license number (Núm. licencia de conducir) Social security number (Núm. seguro social)
2 Name (Nombre) _____ Title (Puesto) _____ Street (Calle) _____ Phone (Teléfono) _____ City (Ciudad) _____ State (Estado) _____ Zip (CP) _____	Driver's license number (Núm. licencia de conducir) Social security number (Núm. seguro social)
3 Name (Nombre) _____ Title (Puesto) _____ Street (Calle) _____ Phone (Teléfono) _____ City (Ciudad) _____ State (Estado) _____ Zip (CP) _____	Driver's license number (Núm. licencia de conducir) Social security number (Núm. seguro social)

I declare under penalty of making a false certification that the foregoing information is true and correct to the best of my knowledge and belief.
(Declaro bajo pena de falsa certificación que la información precedente es verdadera y correcta según mis conocimientos y opinión.)

_____
Owner, partner, officer
(Propietario, socio, funcionario)

REGISTRA UN NOMBRE FICTICIO (REGISTRO DE UN "DBA")

¿Qué es un nombre ficticio (o DBA)?

En Estados Unidos, un nombre ficticio se conoce comúnmente como un DBA, que significa *"Doing Businss As"*
("que negocia como"). Un nombre ficticio es cualquier
nombre de negocio que no contiene el nombre del propietario como parte del mismo. En algunos estados, esto
significa el nombre jurídico (que suele ser el primer nombre y el apellido).

Si usted no es una sociedad anónima y piensa hacer
negocios bajo un nombre ficticio, debe registrar un DBA.
Si es una sociedad anónima, la propiedad de su nombre
queda asegurada cuando se constituye en sociedad.

Además, si su nombre jurídico se considera muy común, se le puede solicitar que registre un DBA.

Los ejemplos siguientes ilustran este punto:

1. Aventuras Marinas: se requiere DBA
2. Aventuras Marinas de Gonzalo: se requiere DBA
3. Aventuras Marinas Suárez: probablemente se requiera DBA
4. Aventuras Marinas Gonzalo Suárez: no se requiere DBA
5. Aventuras Marinas Juan Pérez: se puede requerir DBA (porque el nombre es común)
6. Aventuras Marinas, S. A.: no se requiere DBA (sociedad anónima)

El registro de su DBA es una de las primeras tareas que debe llevar a cabo porque todo el papeleo subsiguiente requiere el nombre del negocio. Su banco también le pedirá una copia de su DBA como requisito para abrir una cuenta empresarial a ese nombre. Ésta es la única autorización con que cuentan para depositar o pagar cheques hechos a nombre del negocio o expedidos contra su cuenta.

El nombre de su negocio no deberá estar en conflicto con nombres ya registrados en su área. Averigüe si alguna compañía ha solicitado el nombre que usted desea consultando a la oficina estatal de disponibilidad de nombres de su estado. También puede consultar los libros de DBA en la oficina del actuario del condado. Si más tarde resulta que el nombre de su negocio ya está legalmente registrado para otra empresa, tendrá que rehacer todo el papeleo.

Nota: regrese al paso 3: "Cómo elegir un nombre para el negocio", para obtener información acerca de cómo investigar el nombre del mismo.

¿Qué pasa si no se registra?

El registro del nombre de su negocio es muy importante para su propia protección y también para cumplir con la ley. Registrar ese nombre le proporciona a usted derechos exclusivos sobre él; además, evita que otros registren el mismo nombre u otro similar y aprovechen el duro esfuerzo y la inversión que usted ha aportado a su negocio.

Por desgracia, existen individuos que merodean en las sombras aguardando una oportunidad de esta clase. Hace unos ocho años, tuvimos en uno de nuestros seminarios a un propietario de negocio que había creado una empresa de electrónica de gran éxito. Sin embargo, no registró un DBA. Alguien descubrió su error, se registró bajo el nombre de su negocio y le ofreció la opción de pagar para adquirir de nuevo el nombre o dejar de negociar bajo ese nombre. El propietario rehusó pagar el chantaje y optó por restablecerse bajo un nuevo nombre. No obstante, ello perjudicó la continuidad de su empresa y perdió una buena cantidad de trabajo tratando de establecerse otra vez bajo el nuevo nombre.

El tiempo y dinero gastados en registrar un DBA son mínimos en comparación con los beneficios que trae consigo ser el propietario legal del nombre de su negocio.

Cómo registrar un DBA

Suponiendo que ha elegido un nombre ficticio, es tiempo de registrarlo (o presentarlo) ante el municipio o condado donde su negocio opera. El proceso comprende dos partes: 1) publicar su nombre ficticio a través de un periódico de circulación general y 2) presentar ese nombre ante el Actuario del Condado.

1. **Publicación del nombre ficticio:** su nombre ficticio debe publicarse en un periódico de circulación general en el condado donde su negocio esté ubicado. El nombre debe aparecer en cuatro ediciones consecutivas. Cuando su nombre ficticio se publique, el periódico le enviará una copia de la publicación y emitirá un Certificado de Publicación. Los honorarios por este servicio fluctúan entre $20 y $75.

2. **Presentación ante el actuario del condado:** el Certificado de Publicación se debe presentar ante el Actuario del Municipio o Condado. Se le enviará un comprobante de que ha sido registrado. Los derechos por presentar el DBA varían, pero por lo general oscilan entre $15 y $50.

Algunos periódicos cobran los honorarios y hacen el registro a su nombre después de la publicación. Esto le ahorrará un viaje a la oficina del Actuario del Condado. Otros sólo publican y usted tiene que hacer la presentación correspondiente. Como se puede ver, los honorarios que se cobran por este servicio también varían considerablemente. Los periódicos locales suelen cobrar menos y están disponibles con facilidad. Es recomendable llamar a diversos periódicos y formular las preguntas siguientes:

1. ¿Publican ustedes nuevos DBA?
2. ¿Cuánto cobran por la publicación de un DBA?
3. ¿Hacen ustedes (el periódico) también la presentación ante el Actuario del Municipio o del Condado? De ser así, ¿cuáles son los honorarios por hacer el registro?
4. ¿Qué información necesito traer conmigo para elaborar la Declaración de Nombre Ficticio?

Cómo renovar su DBA

Es necesario renovar el DBA a ciertos intervalos (por ejemplo, cada cinco años). La dependencia encargada del registro le notificará cuando sea el momento de hacer la renovación. También en este caso es responsabilidad suya saber cuándo se debe renovar el DBA y protegerse preguntando, en caso de no recibir el aviso de renovación. La renovación no requiere una nueva publicación, pero implica el pago de derechos al Actuario del Municipio o Condado.

Alerta: existen compañías que siguen la pista de los DBA que están por expirar y envían avisos de aspecto oficial solicitando la renovación del registro, incorporando al mismo tiempo un costo oculto. Renovar el registro es muy sencillo. Asegúrese de que el aviso sea el oficial que envía la oficina del Actuario del Condado.

Muestras

En las siguientes dos páginas se incluyen muestras de formas de declaración de nombres ficticios y de prueba de publicación de que se ha registrado ante el Actuario del Condado.

Muestra de forma de declaración de nombre ficticio de negocio

SEE REVERSE SIDE FOR INSTRUCTIONS *(Vea las instrucciones al reverso)*

NOT VALID UNLESS CLERK'S ENDORSEMENT APPEARS BELOW *(No es válido sin el endoso del Actuario del Condado citado abajo)*

Reminder *(Recordatorio)*
1. Submit original and 3 copies. *(1. Presentar original y tres copias.)*
2. Filing fee $24.00 for one business name. *(2. Derechos de registro: $24 por un nombre de negocio)* $5.00 for each additional business name. *($5.00 por cada nombre de negocio adicional)* $5.00 for each additional partner after first two. ($5.00 por cada socio adicional después de los dos primeros)*
3. Provide return stamped envelope if mailed. *(3. Incluir sobre franqueado para devolución si se envía por correo)*

Gary L. Granville, County Clerk Public Services Division 211 W. Santa Ana Boulevard Post Office Box 22013 Santa Ana, CA. 92702-2013

This statement was filed with the county clerk of Orange County on date indicated by file stamp below. *(Esta declaración se presentó ante el Actuario del Condado de Orange en la fecha indicada por el sello de archivo que aparece abajo.)*

☐ New Fictitious Business Name statement *(Declaración de nombre ficticio de negocio nuevo)*

☐ Refile *(Renovación)*

FICTITIOUS BUSINESS NAME STATEMENT
(Declaración de nombre ficticio de negocio)

File No. *(Núm. de archivo)* _____

The following person(s) is (are) doing business as: *(Type all information) La[s] persona[s] siguiente[s] negocia(n] como [llenar a máquina])*

1.	Fictitious Business Name(s) *(Nombre[s] ficticio[s] de negocio)*
2.	Street Address, City & State of Principal Place of Business in California *(Núm., calle, ciudad y estado del local principal del negocio en California)* Zip Code *(Código postal)*
3.	Full Name of Registrant *(Nombre completo de quien registra)* (If corporation-show state of incorporation) *(Si es sociedad anónima, muestre el estado de constitución)*
	Residence Address *(Domicilio de residencia)* City *(Ciudad)* State *(Estado)* Zip Code *(Código postal)*

Muestra de forma de declaración
de nombre ficticio de negocio *(continuación)*

Full Name of Registrant *(Nombre completo de quien registra)*			(If corporation-show state of incorporation) *(Si es sociedad anónima, muestre el estado de constitución)*
Residence Address *(Domicilio de residencia)*	City *(Ciudad)*	State *(Estado)*	Zip Code *(Código postal)*
Full Name of Registrant *(Nombre completo de quien registra)*			(If corporation-show state of incorporation) *(Si es sociedad anónima, muestre el estado de constitución)*
Residence Address *(Domicilio de residencia)*	City *(Ciudad)*	State *(Estado)*	Zip Code *(Código postal)*

4. (CHECK ONE ONLY) This business is conducted by ( ) an individual ( ) a general partnership ( ) a limited partnership ( ) an unincorporated association other than a partnership ( ) a corporation ( ) a business trust ( ) co-partners ( ) husband and wife ( ) joint venture ( ) other-please specify
(MARQUE SÓLO UNA OPCIÓN) Este negocio está a cargo de ( ) un individuo ( ) una sociedad general ( ) una sociedad limitada ( ) una asociación no incorporada distinta de una sociedad ( ) una sociedad anónima ( ) un fideicomiso empresarial ( ) socios en nombre colectivo ( ) cónyuges ( ) empresa conjunta ( ) otra (especifique)

5. The registrant(s) commenced to transact business under the fictitious business name(s) listed above on:
(Quien(es) registra(n) comenzaron a efectuar transacciones comerciales bajo el(los) nombre(s) ficticio(s) de negocio(s) antes citado(s) el:)

Date *(Fecha)*:

Notice: this fictitious name statement expires five years from the date it was filed in the office of the county clerk. A new fictitious business name statement must be filed before that time. The filing of this statement does not of itself authorize the use in this state of a fictitious business name in violation of the rights of another under federal, state, or common law (see section 14400 ET SEQ., business and professions code).
(Aviso: esta declaración de nombre ficticio expira a los cinco años contados a partir de la fecha de su presentación en la oficina del actuario del condado. Se deberá registrar una nueva declaración de nombre ficticio antes de la fecha de expiración. La presentación no autoriza por sí sola el uso en este estado de un nombre ficticio de negocio que viole los derechos de terceros bajo amparo de leyes federales, estatales o de derecho consuetudinario [véase la sección 14400 y SS. Código de negocios y profesionales]).

6.

Signature *(Firma)* _____

_____
(Type or print name)
(Nombre a máquina o con letra de imprenta)

If Registrant is a corporation sign below:
(Si quien registra es una sociedad anónima firmar aquí:)

Corporation name *(Nombre de la sociedad anónima)*
_____

Signature & Title *(Firma y puesto)* _____

_____

File No. *(Núm. de archivo)* _____

Muestra de certificado de prueba de publicación

PROOF OF PUBLICATION
(2015.5c.c.p.)

STATE OF CALIFORNIA

COUNTY OF ORANGE

Soy ciudadano de los Estados Unidos y residente del condado antes citado; tengo más de dieciocho años y no soy parte ni tengo intereses en el asunto indicado en el título. Soy el empleado principal del impresor del *Orange Big News*, un periódico de circulación general impreso y publicado semanalmente en la ciudad de Orangetown, Condado de Orange, que ha sido juzgado como periódico de circulación general por el Tribunal Superior del Condado de Orange, Estado de California, con el registro número A-62222 de fecha 14 de abril de 1977; que el aviso del cual la anexa es copia impresa (compuesta en tipo no menor de seis puntos), ha sido publicado en cada número normal y completo del periódico citado y no en algún suplemento del mismo en las fechas siguientes:

9/07 9/14 9/21 9/28

todas en el año de 1998

Certifico (o declaro) bajo pena de perjurio que lo anterior es verdadero y correcto

Fechado en Orangetown, California, este

día __28__ de ___Septiembre___ de 19_98_

Adriana Hernández
Firma

Este espacio es para el sello de registro del Actuario del Condado

FILED
(ARCHIVADO)
SEP 28 1998
PEDRO M. JARA, Actuario del Condado
Por _____ ASISTENTE

Prueba de publicación de

**FICTITIOUS BUSINESS
NAME STATEMENT
*(DECLARACIÓN
DE NOMBRE FICTICIO
DE NEGOCIO)*
F5987003**

La(s) persona(s) siguiente(s) negocian como:
Artículos Deportivos As
12345 Edwards Sl.
Anytown, CA 93456

1. JUAN R. PÉREZ
2345 Newstreet Drive
Anytown, CA 93456
Este negocio está a cargo de un individuo.
Quien hace el registro comenzó a efectuar transacciones comerciales bajo el nombre o nombres ficticios de negocio antes citados el 7 de junio de 1998.
Publicado en: *Orange Big News*, el 7, 14, 21 y 28 de septiembre de 1998

ORANGE BIG NEWS
533 W Harper
Orangetown, California 92622

FORMA OCH NÚM. 0023-6/78-621-2M   **PROOF OF PUBLICATION**
(PRUEBA DE PUBLICACIÓN)

F- _____

Tramita un permiso de vendedor

Cualquier persona que adquiera artículos para reventa o que proporcione un servicio gravable debe obtener un **número de permiso de vendedor**. Este número es necesario en todos los estados donde se cobra un impuesto sobre las ventas (*sales tax*).

Cómo solicitar un permiso de vendedor

Se puede obtener información respecto al impuesto sobre las ventas y a la obtención de un permiso de vendedor a través del Departamento de Ingresos del estado correspondiente. Las solicitudes pueden hacerse en las oficinas estatales locales. Habiendo llenado su solicitud, se le llamará para una entrevista, después de la cual y de una revisión de su solicitud se determinará si reúne los requisitos para obtener el permiso. Por esta razón, es indispensable que entienda perfectamente qué es lo que solicita y el propósito de dicha solicitud. Una respuesta errónea a una pregunta puede ser causa de que se le niegue el certificado.

Nota: en las páginas 96 a 99 se incluye una solicitud al Consejo Estatal de Compensación (*California State Board of Equalization*) como muestra para su información.

Propósito de un permiso de vendedor

Se impone un impuesto sobre las ventas a los minoristas por el privilegio de vender propiedad personal tangible al menudeo dentro de un estado. El minorista, no el cliente, es la persona responsable del pago del impuesto sobre las ventas.

En consecuencia, todo vendedor que se dedica al negocio de vender un producto tangible o a proporcionar un servicio gravable en un estado donde se cobra un impuesto sobre las ventas está obligado a tener un permiso de vendedor para el propósito de declarar y pagar los impuestos sobre las ventas y sobre el uso que le corresponden. Al permiso de vendedor se le designa para mayor facilidad con un número de **impuesto de reventa**.

Debido a las complicaciones que existen en el proceso del impuesto sobre las ventas, puede resultar para usted muy difícil determinar cuáles de sus productos y servicios son gravables. Puede obtener hojas informativas del Departamento Estatal de Ingresos o de su Consejo Estatal de Compensación local donde se explican las reglas del impuesto sobre las ventas aplicables a su tipo específico de negocio. También puede solicitar un dictamen para determinar si su producto o servicio es gravable en circunstancias específicas. Más adelante, deberá asegurarse de mantenerse al tanto de cualquier cambio que se haga en cuanto al impuesto sobre las ventas para su industria en particular.

Su solicitud debe hacerse sobre la base de que su negocio va a *vender* artículos gravables a sus clientes o de que usted va a proporcionar un servicio gravable. Cualquier otra razón para hacerla será motivo para que el permiso le sea negado. Por ejemplo, muchos servicios de alimentos no son gravables a menos que se suministren para un evento que cobra por la admisión. Por tanto, en este caso no se otorgaría un número para impuesto de reventa.

Advertencia: No use la palabra "comprar" cuando solicite un permiso de vendedor. Aunque puede conseguir ciertas ventajas de compra por contar con un permiso de vendedor, ésta no es una razón válida para obtener uno. De hecho, la mención de su intención de usarlo para la adquisición de mercancía puede predisponer en contra suya al encargado de entrevistarlo.

Las leyes estatales varían

Las leyes que gobiernan el cobro del impuesto sobre las ventas pueden ser muy complicadas. Por desgracia, también varían considerablemente de un estado a otro. Se han hecho muchos intentos por elaborar un sistema uniforme de este impuesto, que sea justo para el consumidor y que al mismo tiempo garantice su cobro en todas las ventas en las que sea aplicable. Los estados individuales también trabajan para asegurar que las compañías de otros estados que dan servicio a compañías en su territorio y venden productos a través de puntos de venta locales cobren y declaren el impuesto sobre las ventas.

Mal uso de su permiso de vendedor

Una vez que se haya emitido un número de impuesto de reventa para usted, es indispensable que se use sólo para el propósito para el que está destinado. Muchos números de impuesto se han usado para evitar el pago del impuesto sobre las ventas en adquisiciones relacionadas con el negocio lo mismo que el impuesto sobre artículos de uso personal. Durante largo tiempo el mal uso intencional de un permiso de vendedor ha sido motivo de risa para muchos usuarios. Sin embargo, si lo descubren, puede dejar de ser motivo para presumir. La mayoría de los estados están aumentando sus esfuerzos para atrapar a los infractores. Las penas por mal uso son muy serias y pueden implicar una fuerte multa y hasta una sentencia de prisión.

La regla práctica es: si su intención no es revender su adquisición a través de su negocio, no use su número de reventa para hacer compras libres de impuesto.

En este punto, es justo decir que el uso del número de reventa tiene cierta validez para comprar al mayoreo. Muchos mayoristas le solicitarán que les presente una tarjeta de reventa antes de venderle a precios de mayoreo. Sin embargo, esto no lo exenta de pagar el impuesto sobre las ventas; puede ser sólo un medio para aumentar su credibilidad como propietario de un negocio. De hecho, si el vendedor no le cobra en el momento de la venta, usted tendrá que incluir la compra en su declaración periódica del impuesto sobre las ventas y pagar el impuesto correspondiente en ese momento.

Certificado de reventa

Si usted adquiere mercancía para revenderla, el proveedor o fabricante le solicitará llenar un certificado de reventa que él debe guardar en sus archivos para validar el hecho de haberle vendido sobre una base libre de impuestos. Del mismo modo, cuando usted vende a otro comerciante, también debe pedirle que llene una tarjeta de reventa para su archivo. Si el estado cuestiona posteriormente sus ventas no gravables, usted contará con la documentación que justifique el hecho de no haber cobrado el impuesto en esa venta. Es posible adquirir blocs de certificados de reventa en casi cualquier papelería.

En la página 100 se incluye un ejemplo de certificado de reventa.

Cómo declarar el impuesto sobre las ventas

Como ya se ha señalado, el propósito del permiso de vendedor es proporcionar al estado un medio para cobrar el impuesto sobre las ventas. Para conseguirlo, el vendedor final debe entregar cuentas de dicho impuesto y enviarlo al estado junto con un informe de las fuentes de estos impuestos. Por tal razón, el vendedor debe llevar registros exactos en cuanto a los tipos de ventas realizadas y la cantidad de ventas que pertenece a cada una de las categorías siguientes:

1. Ventas brutas
2. Precio de compra de la propiedad adquirida sin impuesto sobre las ventas y utilizada para fines distintos de la reventa
3. Ventas a otros minoristas para fines de reventa
4. Venta no gravable de productos alimenticios
5. Mano de obra no gravable (reparación e instalación)
6. Ventas al gobierno de los Estados Unidos
7. Ventas en el comercio interestatal o exterior a consumidores de fuera del estado

8. Pérdidas por cuentas incobrables sobre ventas gravables

9. Otras transacciones exentas

Nota: las tasas del impuesto sobre las ventas pueden variar de un condado a otro. Cuando usted vende desde su zona local, cobrará el impuesto con base en la tasa vigente en esa zona. También está obligado a llevar un registro preciso de esas ventas. En muchos estados, una parte de su impuesto estatal sobre las ventas se designará como perteneciente a un distrito de tránsito, a una evaluación especial, etc. Por ejemplo, el estado de California tiene muchos distritos de tránsito a los que se asigna un medio punto porcentual para sostener sus sistemas de transporte en masa. Por consiguiente, un minorista de Los Ángeles que vende en una exposición comercial en San Francisco tendrá que declarar el importe de esas ventas para que los fondos sean divididos como corresponde por la dependencia estatal.

El estado le solicitará la presentación de una declaración trimestral en la cual se resumen las ventas del periodo. Si sus ventas gravables son muy reducidas, es posible que sólo tenga que hacer una declaración anual. En caso de ser excesivas, se le puede pedir que deposite una fianza y presente una declaración mensual. La forma para la declaración le será enviada por el Departamento de Ingresos o el Consejo Estatal de Compensación. Usted debe llenar la declaración y enviarla por correo al estado, junto con un cheque por la cantidad pagadera de impuesto sobre las ventas, antes de cierta fecha (por lo general al final del mes siguiente al periodo que se declara).

Una vez más, un comentario de advertencia respecto a la responsabilidad de declarar: si no recibe una forma de declaración por correo, es responsabilidad suya llamar al Departamento de Ingresos y solicitar que le envíen una.

Cuando reciba esta declaración, también se le enviará una Hoja de Información Fiscal con artículos referentes al reglamento del impuesto sobre las ventas y a campañas realizadas. Dedique tiempo a leerla con cuidado, especialmente la información que atañe a su industria específica. No hacer una declaración correcta puede traer como consecuencia la pérdida de su privilegio de reventa además de las penas más graves antes mencionadas.

Para su conveniencia, en las páginas 91 y 92 se incluye un ejemplo de una **Declaración al Consejo de Compensación del Estado de California**. Es muy probable que la declaración correspondiente a su estado tenga un formato bastante similar.

Diagrama de flujo del impuesto sobre las ventas

En caso de que no quede muy claro cuál es el camino que sigue la mercancía del fabricante al consumidor y el pago final de impuestos al estado por parte del vendedor, hemos elaborado un **diagrama de flujo del impuesto sobre las ventas**, el cual presentamos en la página siguiente. El estudio de este diagrama deberá ayudarle a disipar esa confusión. El diagrama cubre las ventas que se hacen en cinco circunstancias individuales.

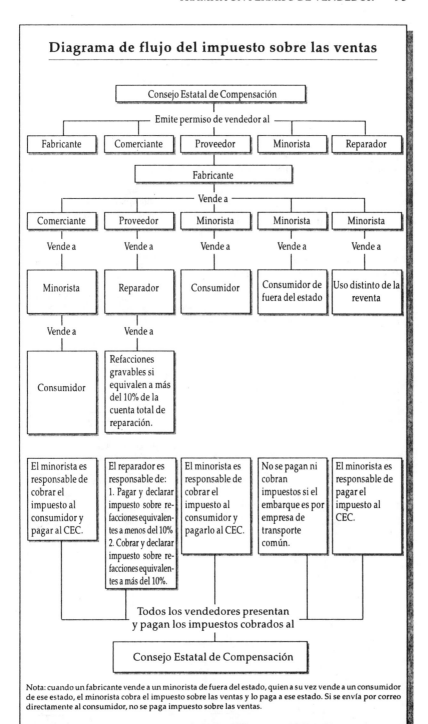

Diagrama de flujo del impuesto sobre las ventas

Consejo Estatal de Compensación

Emite permiso de vendedor al

| Fabricante | Comerciante | Proveedor | Minorista | Reparador |

Fabricante

Vende a

| Comerciante | Proveedor | Minorista | Minorista | Minorista |

Vende a | Vende a | Vende a | Vende a | Vende a

| Minorista | Reparador | Consumidor | Consumidor de fuera del estado | Uso distinto de la reventa |

Vende a | Vende a

| Consumidor | Refacciones gravables si equivalen a más del 10% de la cuenta total de reparación. |

| El minorista es responsable de cobrar el impuesto al consumidor y pagar al CEC. | El reparador es responsable de: 1. Pagar y declarar impuesto sobre refacciones equivalentes a menos del 10% 2. Cobrar y declarar impuesto sobre refacciones equivalentes a más del 10%. | El minorista es responsable de cobrar el impuesto al consumidor y pagarlo al CEC. | No se pagan ni cobran impuestos si el embarque es por empresa de transporte común. | El minorista es responsable de pagar el impuesto al CEC. |

Todos los vendedores presentan
y pagan los impuestos cobrados al

Consejo Estatal de Compensación

Nota: cuando un fabricante vende a un minorista de fuera del estado, quien a su vez vende a un consumidor de ese estado, el minorista cobra el impuesto sobre las ventas y lo paga a ese estado. Si se envía por correo directamente al consumidor, no se paga impuesto sobre las ventas.

Sample Application for Seller's Permit
(Muestra de solicitud de permiso de vendedor)

Page 1 (*Página 1*)

92-3

BT-400-MIP REV. 4 (10-91)

**APPLICATION FOR SELLER'S PERMIT AND
REGISTRATION AS A RETAILER
(INDIVIDUALS/PARTNERS)**
*(SOLICITUD DE PERMISO DE VENDEDOR Y
REGISTRO COMO MINORISTA [INDIVIDUOS/
SOCIOS])*

16,151
STATE OF CALIFORNIA
(ESTADO DE CALIFORNIA)
BOARD OF EQUALIZATION
(CONSEJO DE COMPENSACIÓN)

Section I: Ownership information
(Sección I: Información sobre la propiedad)

FOR BOARD USE ONLY
*(PARA USO EXCLUSIVO DEL
CONSEJO)*

TAX *(IMPUESTO)*	OFFICE *(OFICINA)*	NUMBER *(NÚMERO)*

1. Please check type of ownership.
(*1. Por favor marque el tipo de propiedad*)

S

☐	☐	☐
Sole Owner *(Propiedad exclusiva)*	Husband/Wife co-ownership *(Copriedad de cónyuges)*	Partnership *(Sociedad o asociación)*

Business Code
(Código de negocio) _____

Area Code
(Código de área) _____

Preparer
(Elaboró) _____

Use additional sheet to include information about additional co-owners or partners
Use una hoja adicional para incluir información sobre otros copropietarios o socios

	Owner or partner *(Propietario o socio)*	Co-owner or partner *(Copropietario o socio)*
2. Full name (first, middle, last) *(Nombre completo [nombres y apellido])*		
3. Address (residence) *(Domicilio [residencia])*		
4. Telephone (residence) *(Teléfono [residencia])*	( )	( )
5. Social Security No. *(Núm. Seguro Social)*		
6. Driver's license No. Date of birth *(Núm. licencia de conducir. Fecha de nacimiento)*		
7. Present/past employer *(Patrón actual/anterior)*		
8. Name of spouse *(Nombre del cónyuge)*		

Sample Application for Seller's Permit *(Muestra de solicitud de permiso de vendedor) (continuación)*

	Owner or partner *(Propietario o socio)*	Co-owner or partner *(Copropietario o socio)*
9. Social Security No. of spouse *(Núm. Seguro Social del cónyuge)*		
10. Driver's license No. of spouse *(Núm. licencia de conducir del cónyuge)*		
11. Name, address and telephone number of two personal references *(Nombre, domicilio y teléfono de dos referencias personales)*	1. 2.	1. 2.
12. Signature *(Firma)*		

Section II: Business Information *(Sección II: Información del negocio)*

1. Business name *(Nombre del negocio)*	Business telephone *(Teléfono del negocio)* ( )

2. Business address (Do not list P.O. Box or mailing service) *(Dirección del negocio [no indique Apdo. Postal o servicio de correos])* — City *(Ciudad)* — State *(Estado)* — ZIP Code *(Código postal)*

3. Mailing address (If different from No. 2 above) *(Dirección de correos [si es distinta del núm. 2 arriba])* — City *(Ciudad)* — State *(Estado)* — ZIP Code *(Código postal)*

4. Date you will begin sales *(Fecha en que iniciará sus ventas)* — Days and hours of operation *(Días y horario de operación)*

	Sun. *(Dom.)*	Mon. *(Lun.)*	Tue. *(Mar.)*	Wed. *(Mie.)*	Thu. *(Jue.)*	Fri. *(Vie.)*	Sat. *(Sab.)*

Month *(Mes)*   Day *(Día)*   Year *(Año)*

5. Description of business *(Descripción del negocio)*

a. Type *(Tipo)*

☐ Retail *(Menudeo)* ☐ Wholesale *(Mayoreo)* ☐ Manufacturing *(Manufactura)* ☐ Repair *(Reparación)* ☐ Service *(Servicio)* ☐ Construction contractor *(Contratista de construcción)*

b. Activity *(Actividad)*

☐ Full-time *(Tiempo completo)* ☐ Part-time *(Tiempo parcial)* ☐ Mail order *(Pedidos por correo)*

c. Are you *(Indique si usted)*

☐ Starting a new business? *(Inicia un nuevo negocio)* ☐ Adding/dropping partner? *(Incorpora o desincórpora a un socio)* ☐ Other *(Otro)*

d. Purchase price $ *(Precio de compra)*   Value of fixtures and equipment $ *(Valor de enseres y equipos)*

☐ Buying a business *(Adquiere un negocio)*

If yes, please indicate name of former owner and account number *(Si su respuesta es Sí, indique el nombre del propietario anterior y su número de cuenta)*

6. What will you sell? *(¿Qué va usted a vender?)*   6a. How many selling locations will you have? *(¿Cuántos locales de venta tendrá?)*   (If 2 or more, please attach list of all locations.) *[Si son dos o más, por favor anexe lista de todos los locales.]*

7. If alcoholic beverages are sold, please list your Alcoholic Beverage Control License number and type of license. *(Si se venden bebidas alcohólicas, por favor indique su número de Licencia de Control de Bebidas Alcóholicas y el tipo de licencia.)*

Continued on Reverse *(Continúa al reverso)*

Sample Application For Seller's Permit (*Muestra de solicitud de permiso de vendedor*) *(continuación)*

Page 2 *(Página 2)*

16,151-2
BT-400-MIP (BACK) REV.4 (10-91)

92-3
STATE OF CALIFORNIA
(ESTADO DE CALIFORNIA)
BOARD OF EQUALIZATION
(CONSEJO DE COMPENSACIÓN)

8. Name of accountant/bookkeeper *(Nombre del contador/tenedor de libros)*	Address *(Dirección)*	Telephone *(Teléfono)*
9. Name of business landlord *(Nombre del arrendador del negocio)*	Address *(Dirección)*	Telephone *(Teléfono)*
10. Name of bank or other financial institution (checking and savings account) *(Nombre del banco u otra institución financiera [cuenta de cheques y de ahorro])*	Location *(Ubicación)*	Account number *(Número de cuenta)*
11. Name of major suppliers *(Nombre de proveedores principales)*	Address *(Dirección)*	Products purchased *(Productos adquiridos)*
12. Other account numbers issued to you by the Board *(Otros números de cuenta emitidos para usted por el Consejo)*		

Sample Application For Seller's Permit *(Muestra de solicitud de permiso de vendedor) (continuación)*

Section III: Income and Expenses *(Sección III: Ingresos y gastos)*

1. Projected Monthly Business Expenses *(Gastos mensuales proyectados del negocio)*	2. Projected Monthly Business Revenue *(Ingreso mensual proyectado del negocio)*	3. Information concerning Employment Development Department (EDD) *(Información concerniente al Employment Development Department (Departamento para el Desarrollo del Empleo [EDD])*		
			Yes *(Sí)*	No *(No)*
		a. Are you registered with EDD? *(¿Está usted registrado ante el EDD?)*	☐	☐
Rent *(Alquiler)* $____	Total Gross Revenue *(Ingreso bruto total)* $____	b. If no, will your payroll exceed $ 100 per quarter? If yes, you must make application with EDD. Number of employees ____	☐	☐
Payroll *(Nómina)* $____	Non-taxable *(No gravable)* $____	See pamphlet DE 4525, «Employer Guide.» *(Si no lo está, ¿será su nómina de más de $100 por trimestre? Si la respuesta es sí, deberá hacer solicitud ante el EDD. Número de empleados ____ Vea el panfleto DE 4525, "Guía para el patrón".)*		
Misc. *(Diversos)* $____	Taxable *(Gravable)* $____	c. I have already received pamphlet DE 4525. *(Ya he recibido el panfleto DE 4525.)*	☐	☐
Total *(Total)* $____	Tax *(Impuesto)* $____	d. I have already received pamphlet DE 44, «Employer's Withholding Guide.» *(Ya he recibido el panfleto DE 44: "Guía de retenciones para el patrón".)*	☐	☐

Section IV: Certification *(Sección IV: Certificación)*

The statements contained hereon are hereby certified to be correct to the best knowledge and belief of the undersigned who is duly authorized to sign this application.
(Las declaraciones aquí contenidas son certificadas como correctas conforme al conocimiento y opinión del abajo suscrito, quien está debidamente autorizado para firmar esta solicitud.)

SIGNATURE
(FIRMA) _____

TITLE
(PUESTO) _____

NAME (TYPED OR PRINTED)
(NOMBRE [MÁQUINA O LETRA DE IMPRENTA]) _____

DATE
(FECHA) _____

FOR BOARD USE ONLY
(PARA USO EXCLUSIVO DEL CONSEJO)
Furnished to Applicant
(Se proporcionó al solicitante)

				REGULATIONS *(REGLAMENTOS)*
Reporting Basis *(Base de declaración)* ____		☐ GA-324A	☐ REG-1668	____
Security Review *(Revisión de seguridad)*	☐ BT-1009 ☐ BT-598 $ ____	☐ BT-400Y	☐ REG-1698	____
		☐ BT-467	☐ REG-1700	____
By *(Por)* ____		☐ BT-519	☐ DE-44	
Approved by *(Aprobado por)* ____		☐ BT-741	☐ DE-4525	PAMPHLETS *(PANFLETOS)*
Remote Input Date *(Fecha de entrada remota)* ____		☐ BT-968	☐ ____	____
By *(Por)* ____		☐ BT-1241C	☐ ____	RETURNS *(DECLARACIONES)*
Permit Issued *(Permiso emitido)* ☐ Date *(Fecha)* ____				____

Muestra de certificado de reventa

NOMBRE DE LA EMPRESA _____

POR LA PRESENTE CERTIFICO _____

que tengo el permiso de vendedor válido Núm. _____

emitido de conformidad con la Ley del Impuesto Sobre las Ventas y el Uso; que me dedico al negocio de vender

_____ ,

que la propiedad personal tangible aquí descrita, la cual adquiriré de:

_____

será revendida por mí en forma de propiedad personal tangible; CON LA CON-DICIÓN, sin embargo, de que en caso de que cualquier parte de esa propiedad se use para cualquier propósito distinto a su retención, demostración o exhibición mientras se guarda para su venta en el curso normal del negocio, se entiende que la Ley del Impuesto Sobre las Ventas y el Uso me obliga a declarar y pagar el impuesto, medido de acuerdo con el precio de adquisición de dicha propiedad.

Descripción de la propiedad que se adquiere: _____

_____

Fecha _____   Firma _____

En _____

Por (nombre y puesto) _____

Teléfono _____   Dirección _____

Sample State Board of Equalization Report
(Muestra de Declaración al Consejo de Compensación del Estado de California)

BT-401-A (81P)
REV. 58 (10/92)

STATE OF CALIFORNIA
(ESTADO DE CALIFORNIA)

BOARD OF EQUALIZATION
(CONSEJO DE COMPENSACIÓN)

92712-2040

BOARD USE ONLY *(PARA USO DEL CONSEJO)*
RR-B/A
RR-QS
LOC
REG
ACC
REF

STATE, LOCAL & DISTRICT SALES & USE TAX RETURN
[DECLARACIÓN DE IMPUESTO ESTATAL, LOCAL Y DISTRITAL SOBRE VENTAS])

DUE ON OR BEFORE   JULY 31, 1993 FOR APR THROUGH JUN 1993 2-1993
(PRESENTAR ANTES   (31 DE JULIO DE 1993 PARA ABR-JUN DE 1993   2-1993)
DE O EL)

Mail to:
(Enviar a:)

S R EA 23 2   0019   11/77   30022 037 0000

SR EA 24-   2

BOARD OF EQUALIZATION
(CONSEJO DE COMPENSACIÓN)
P.O. BOX *(APDO. POSTAL)*   942861
SACRAMENTO CA   94261-0001

READ INSTRUCTIONS
BEFORE PREPARING *(LEA LAS INSTRUCCIONES ANTES DE ELABORAR)*

If the above information is incorrect or your business has closed, please phone us at: *(Si la información anterior es incorrecta o su negocio ha cerrado, por favor llámenos al:)*   (714-558-4059)

PLEASE ROUND CENTS TO THE NEAREST WHOLE DOLLAR *(POR FAVOR REDONDEE LOS CENTAVOS A LA CIFRA EN DÓLARES MÁS CERCANA)*

1. TOTAL (GROSS) SALES ...1 *(VENTAS (BRUTAS) TOTALES)*		.00
2. PURCHASES SUBJECT TO USE TAX ...2 *(COMPRAS SUJETAS A IMPUESTO DE USO)*		.00
3. TOTAL (Line 1 plus Line 2) ...3 *(TOTAL [renglón 1 más renglón 2])*		.00
4. SALES TO OTHER RETAILERS FOR PURPOSES OF RESALE ... *(VENTAS A OTROS MINORISTAS PARA FINES DE REVENTA)*	50 $	.00
5. NONTAXABLE SALES OF FOOD PRODUCTS ... *(VENTAS NO GRAVABLES DE PRODUCTOS ALIMENTICIOS)*	51	.00
6. NONTAXABLE LABOR (Repair and Installation) ... *(MANO DE OBRA NO GRAVABLE [reparación e instalación])*	52	.00
7. SALES TO THE UNITED STATES GOVERNMENT ... *(VENTAS AL GOBIERNO DE LOS ESTADOS UNIDOS)*	53	.00
8. SALES IN INTERSTATE OR FOREIGN COMMERCE ... *(VENTAS EN COMERCIO INTERESTATAL O EXTERIOR)*	54	.00
9. SALES TAX (IF ANY) INCLUDED ON LINE 1 *(IMPUESTO SOBRE ...* *VENTAS [EN SU CASO] INCLUIDO EN RENGLÓN 1)*	55	.00
10. (a) BAD DEBT LOSSES ON TAXABLE SALES *(PÉRDIDAS ...* *POR CUENTAS INCOBRABLES SOBRE VENTAS GRAVABLES)*	56	.00
(b) COST OF TAX PAID PURCHASES RESOLD PRIOR TO USE ... *(COSTO DE COMPRAS CON IMPUESTO PAGADO, REVENDIDAS ANTES DE USARSE)*	57	.00
(c) RETURNED TAXABLE MERCHANDISE ... *(MERCANCÍA GRAVABLE DEVUELTA)*	58	.00
(d) CASH DISCOUNTS ON TAXABLE SALES ... *(DESCUENTOS EN EFECTIVO SOBRE VENTAS GRAVABLES)*	59	.00
(e) OTHER (Clearly explain) *[OTROS (explique claramente)]* ...	90	.00

Sample State Board of Equalization Report
(Muestra de Declaración al Consejo de Compensación del Estado de California) (continuación)

11.	TOTAL OF EXEMPT TRANSACTIONS REPORTED ON LINES 4 thru 10e (Add Lines 4 thru 10e) .... 11 *(TOTAL DE TRANSACCIONES EXENTAS DECLARADAS EN LOS RENGLONES del 4 al 10e [sume los renglones del 4 al 10e])*	.00
12.	TAXABLE TRANSACTIONS (Line 3 minus Line 11) .... 12 *(TRANSACCIONES GRAVABLES [renglón 3 menos renglón 11])*	.00
13.	STATE & COUNTY TAX 6 1/4% (Multiply Amount on Line 12 by .0625) .... 13 *(IMPUESTO ESTATAL Y DEL CONDADO 6 1/4% [Multiplique la cantidad del renglón 12 por 0.0625])*	.00
14.	ENTER AMOUNT FROM LINE 12 .... 14 *(ANOTE LA CANTIDAD DEL RENGLÓN 12)*	.00
15.	ADJUSTMENTS (See Instructions 15) .... 15 *(AJUSTES [vea las instrucciones 15])*	.00
16.	TAXABLE TRANSACTIONS (Line 14 plus or minus Line 15) .... 16 *(TRANSACCIONES GRAVABLES [renglón 14 más o menos renglón 15])*	.00
17.	LOCAL TAX 1% (Multiply amount on Line 16 by .01) .... 17 *(IMPUESTO LOCAL 1% [multiplique la cantidad del renglón 16 por 0.01])*	.00
18.	DISTRICT TAX (From Schedule A Line A11 YOU MUST COMPLETE SCHEDULE A IF YOU ARE ENGAGED IN BUSINESS IN A TRANSACTIONS TAX DISTRICT .... 18 *(IMPUESTO DISTRITAL [de cédula A renglón A11] DEBERÁ LLENAR LA CÉDULA A SI TIENE UN NEGOCIO EN UN DISTRITO QUE GRAVA LAS TRANSACCIONES)*	.00
19.	TOTAL STATE COUNTY, LOCAL AND DISTRICT TAX (Total of Lines 13, 17 & 18) .... 19 *(IMPUESTO ESTATAL, DEL CONDADO Y DISTRITAL TOTAL [total de los renglones 13, 17 y 18])*	.00
20.	DEDUCT sales or use tax imposed by other states and paid on the purchase price of tangible personal property. Purchase price must be included in Line 2 .... 20 *(DEDUZCA el impuesto sobre ventas o uso impuesto por otros estados y pagado en el precio de compra de propiedad personal tangible. El precio de compra debe incluirse en el renglón 2)*	.00
21.	NET TAX (Line 19 minus Line 20) .... 21 *(IMPUESTO NETO [renglón 19 menos renglón 20])*	.00
22.	Less PREPAYMENTS .... 22 *(Menos PREPAGOS)*	.00

1ST PREPAYMENT *(PRIMER PREPAGO)* $ **2ND PREPAYMENT** *(SEGUNDO PREPAGO)* $ **Total Prepayment** *(Prepago total)* $

23.	REMAINING TAX (Line 21 minus Line 22) .... 23 *(IMPUESTO RESTANTE [renglón 21 menos renglón 22])*	.00
24.	PENALTY of 10% is due if payment is made after due date shown above. Persons required to make payment by Electronic Funds Transfer may owe additional penalties (See Instruction 24) .... 24 *(SE DEBERÁ PAGAR UNA MULTA de 10% si el pago se hace después de la fecha de vencimiento arriba citada. Las personas que deban hacer el pago por Transferencia Electrónica de Fondos pueden tener que pagar multas adicionales [vea la Instrucción 24])*	.00
25.	INTEREST: One month's interest is due on tax for each month or fraction of a month that payment is delayed after the due date. The adjusted monthly interest rate is .... *(INTERÉS. Se deberá pagar un mes de interés sobre el impuesto por cada mes o fracción de mes que el pago se demore después de la fecha de vencimiento. La tasa ajustada de interés mensual es)* **0-8333 PERCENT (.008333)** **(0-8333 POR CIENTO [0.008333])** INTEREST *(INTERÉS)* 25 **(10% DIVIDED BY 12)** **([10% DIVIDIDO ENTRE 12])**	.00
26.	TOTAL AMOUNT DUE AND PAYABLE (Line 23 plus 24 & 25) .... 26 *(CANTIDAD TOTAL A PAGAR [renglón 23 más renglones 24 y 25])*	.00

I hereby certify that this return, including any accompanying schedules and statements, has been examined by me and to the best of my knowledge and belief is a true, correct and complete return.
(Certifico que esta declaración, incluidas cualesquiera cédulas y manifestaciones, ha sido examinada por mí y en la medida de mis conocimientos y opinión es una declaración verdadera, correcta y completa.)

SIGNATURE AND TITLE   ( )
(FIRMA Y PUESTO)

MAKE CHECK OR MONEY ORDER PAYABLE TO STATE BOARD OF EQUALIZATION *(HAGA*   PHONE NUMBER *(TELÉFONO)*
EL CHEQUE O GIRO POSTAL PAGADERO AL CONSEJO ESTATAL DE COMPENSACIÓN)

Always Write Your Account Number on Your Check or Money Order *(Anote siempre su número de cuenta en su cheque o giro postal)*

ABRE UNA CUENTA BANCARIA

Elección del banco

La selección del banco con el que va a trabajar debe hacerse después de una buena cantidad de reflexión. Los bancos varían mucho en cuanto a los servicios que ofrecen y también en lo que cobran por éstos. Considere factores como la tasa de interés que se paga a las cuentas, los periodos de retención de fondos depositados, la localidad, el horario de servicio, las políticas de crédito, los servicios de crédito para comerciantes, etcétera.

Los incisos siguientes le proporcionarán información básica a tomar en cuenta cuando tenga que elegir un banco:

1. **¿Ha establecido ya una relación personal con su banquero?** Si ya conoce a los directivos clave y al

personal de su banco, dispondrá de una ventaja cuando necesite servicios especiales.

2. **¿Qué clase de programas de préstamo están disponibles a través del banco?** ¿Hace este banco préstamos empresariales o se limita al financiamiento personal? ¿Participa el banco como prestamista garantizado de la SBA? ¿Participa en otros programas encaminados a ayudar a propietarios de pequeños negocios? Ya sea ahora o en algún momento en el futuro, es posible que usted necesite fondos adicionales para la operación o expansión de su negocio. Es más fácil acudir a su propio funcionario bancario que tener que recurrir a un prestamista desconocido.

3. **¿Ofrece el banco servicios de tarjeta de crédito mercantiles?** Es posible que su negocio resulte más rentable si ofrece servicios de aceptación de las tarjetas VISA y Mastercard o American Express a sus clientes. Vivimos en una época en la que los compradores de productos o servicios no llevan efectivo en la cartera y esperan pagar con una tarjeta de crédito. El comerciante dispone ahora de la ventaja de poder obtener instantáneamente la autorización de la compra y de que los fondos se depositen en la cuenta del negocio en 24 horas. El banco suele cargar al comerciante entre el tres y el cuatro por ciento del monto de la compra por el servicio, pero el hecho de tener esa capacidad puede aumentar significativamente las ventas.

   ¡Advertencia! Si está pensando en ofrecer servicios de tarjeta de crédito, haga planes cuidadosamente antes de comprometer su negocio con un programa. Recibirá llamadas de muchas compañías que desean dotarlo de estos servicios. Muchos vendedores están entrenados para hacer una "venta rápida". Sin embargo, los costos para usted pueden sobrepasar con mucho la ventaja conseguida por disponer del servicio. Averigüe todos los costos implicados en el servicio y los cargos mensuales por el mantenimiento del mismo. Además, investigue cuál sería el cargo en caso de que decidiera descontinuar los servicios después de un cierto tiempo. Una compañía alquilaba su máquina "Zon" por $10 mensuales. Sin embargo, si usted renunciara al servicio en seis meses, debería $1,750 por la máquina. Lo irónico es que adquirir esta máquina en casi cualquier banco respetable cuesta sólo de $200 a $300. Esté al pendiente también de cuotas por solicitud no rembolsables y otros cargos de diversa índole, así como de restricciones respecto al tipo de compras que puede aceptar (pedidos por teléfono, etcétera).

4. **¿Qué ofrece el banco en términos de cuentas bancarias empresariales?** ¿Se aplica un periodo de retención para sus depósitos? ¿Se puede renunciar a él? ¿Cuáles son los cargos por servicios? ¿Cuál es la política respecto a cheques devueltos? ¿Cuenta el banco con protección contra sobregiro? ¿Paga interés la cuenta? Si es así, ¿es necesario mantener un promedio mínimo? ¿Qué otra clase de cuentas tiene el banco que le permitan a usted desviar fondos temporalmente hacia donde puedan ganar más sin perder liquidez?

5. **¿Se trata de un banco depositario federal?** Si su negocio tiene empleados y usted paga a alguno de ellos más de una cierta cantidad, tendrá que depositar fondos con regularidad en una cuenta de depósito por separado. Le resultará más conveniente hacer todas sus operaciones bancarias en el mismo lugar.

6. **¿Qué servicios adicionales ofrece el banco?** ¿Tiene sucursales disponibles en varios lugares? ¿Cuál es su horario de operación? ¿Cuenta con servicios

de cajeros automáticos (ATM) las 24 horas, cajas de seguridad para depósito, servicios notariales? ¿Qué otros servicios proporciona el banco que podrían ser necesarios para su negocio?

7. **¿Proporciona el banco servicios de banca electrónica?** Con los nuevos adelantos en tecnología informática, muchos bancos ofrecen ahora banca remota a través de servicios en línea. Usted puede tener acceso rápido a información sobre cuentas, transferir dinero, pagar cuentas y mucho más, todo ello desde la comodidad de su computadora.

Nota: es conveniente dedicar algo de tiempo a llamar a diversos bancos e instituciones de ahorro y préstamo para reunir información. En la página 111 incluimos la **Hoja de trabajo para elegir un banco**, que le ayudará a comparar las ventajas y desventajas de las instituciones financieras que esté considerando.

Separe sus finanzas personales de las del negocio

En muchas ocasiones el propietario de un negocio nuevo puede verse tentado a manejar las finanzas del negocio junto con sus cuentas personales. **No mezcle** las dos usando la misma cuenta de cheques para su casa y para su negocio. Es indispensable que mantenga separadas sus finanzas personales de las de su empresa.

Las autoridades fiscales no ven con buenos ojos a los negocios que "combinan" los dineros personales y del negocio. La suerte de más de un propietario de una pequeña empresa ha sido determinada con base en esta cuestión durante una auditoría, y no en favor de la empresa.

El hecho de mezclar las finanzas personales con las de su compañía le ocasionará también muchos problemas con el mantenimiento de registros y el cálculo de impuestos. El proceso de llevar registros se torna muy complicado y crea un rastro de papel que causa muchas confusiones cuando se usan fondos del negocio para solventar obligaciones personales y viceversa.

Las cuentas empresariales son necesarias para conseguir credibilidad en el trato con otras empresas. Muchos de sus proveedores no aceptarán un cheque suyo a menos que tenga el membrete de su negocio y su dirección. También puede ser difícil, si no es que imposible, establecer una cuenta corriente con un proveedor o mayorista si no dispone de una cuenta bancaria empresarial.

Abra una cuenta de cheques

La primera cuenta que necesitará es una cuenta de cheques. Los siguientes son algunos puntos que le ayudarán a tomar las decisiones necesarias:

1. **Se requiere su DBA.** Si el nombre de su negocio es supuesto, no podrá abrir una cuenta de cheques a ese nombre sin haber registrado primero un DBA, como se explicó en el paso anterior. El DBA es un medio para proporcionar al banco la autoridad necesaria para depositar y pagar cheques al amparo del nombre ficticio. Aquí es preciso señalar que las políticas bancarias de casi todas las instituciones les impiden ofrecerle cuentas de cheques que pagan intereses a menos que el nombre de usted forme parte del nombre de la compañía. Si ha registrado un DBA, asegúrese de llevar su recibo cuando abra su cuenta de cheques. El banco necesitará una copia para sus registros.

2. **Seleccione un estilo de chequera.** Cuando abra su cuenta de cheques, se le preguntará qué estilo

de cheques desea pedir. Tendrá que decidir entre el tipo de libreta y el de cartera. El más pequeño es más fácil de llevar consigo, pero el tipo de libreta es la mejor opción porque le permitirá registrar más información acerca de sus transacciones con cheques, la cual puede ser muy valiosa para los procedimientos de contabilidad. Existe una chequera personal para escritorio, que es más pequeña que el tamaño empresarial pero resulta igualmente adecuada. Este estilo particular tiene que solicitarse porque no está incluido en las opciones de chequera empresarial.

3. **¿Cuántos cheques debe mandar hacer?** Asegúrese de pensar por adelantado en sus necesidades antes de decidir el número de cheques que va a mandar hacer. Un nuevo pedido puede ser costoso. Comience con uno mínimo. En la mayoría de los casos se presentará pronto la necesidad de hacer algún cambio. Quizá su número telefónico cambie o usted decida agregar o quitar un nombre.

En el momento de hacer su pedido, puede solicitar que sus cheques se numeren a partir de un número distinto del 101. Es frecuente que esta solicitud no se acepte en el caso de cuentas nuevas. Sin embargo, si lo consigue, el uso de cheques con una numeración más alta evitará que quienes reciben sus cheques se den cuenta de que su negocio apenas se inicia. Si su solicitud es rechazada, puede desechar uno o dos de los primeros blocs de cheques e iniciar su negocio con un número de cheque más alto.

Nota: no es forzoso mandar hacer sus cheques con su banco. Hoy día existen muchos programas de software para escribir cheques por computadora que le permiten generar los propios. También puede ordenarlos a través de compañías de materiales para oficinas, como NEBS. El banco es la fuente más accesible, pero otras pueden ser menos costosas o adaptarse mejor a sus necesidades.

4. **Tome medidas para evitar sobregiros.** Es mejor mantener siempre un balance saludable en la cuenta de cheques de su negocio. Aun así, en ocasiones tal vez se vea obligado a hacer una compra inesperada o cometa un error aritmético que ocasione un sobregiro en su cuenta. Si cuenta con una cobertura para estos casos, ello puede ahorrarle tiempo y evitar situaciones embarazosas.

5. **Obtenga una tarjeta de cajero automático para su cuenta.** Esto le permitirá depositar o retirar fondos fuera del horario del banco, y también le dará acceso a sus fondos desde lugares remotos.

Cuentas adicionales que conviene considerar

Además de su cuenta de cheques, le conviene considerar la posibilidad de abrir otros tipos de cuentas, por ejemplo, de ahorro, de mercado de dinero y de certificados de depósito (C.D.). En las cuentas de ahorro normales, las tasas de interés son las más bajas y suelen ser mayores en las cuentas de mercado de dinero, los certificados de depósito y otras especiales. Algunas tienen límites, y los retiros antes de fechas específicas pueden implicar un costo para usted. Algunas cuentas tienen mayor liquidez y se puede girar un número determinado de cheques sin costo adicional en tanto se mantenga un balance mínimo. Por lo general, las ganancias son proporcionales al tiempo durante el cual su dinero permanece comprometido.

En conclusión

Recuerde que no es necesario que todas las cuentas sean manejadas por la misma institución financiera. No obstante, es lógico pensar que la magnitud de las operaciones que haga usted con un banco en particular será directamente proporcional a los beneficios que obtenga de él. No olvide analizar la estabilidad del banco en el que está pensando. Mañana por la mañana, cuando despierte, querrá sentir la seguridad de que sus fondos continúan disponibles.

Un buen historial bancario, aunado a una relación de confianza con los directivos y el personal de su banco, puede lograr para usted concesiones especiales. Por ejemplo, la dirección del banco puede decidir, si lo desea, renunciar al periodo de retención para sus depósitos, u ofrecerle servicios notariales gratuitos como cortesía. Si ya cuenta con un banco con el que está satisfecho, quizá le convenga hacer sus operaciones donde ya cuenta con la ventaja de ser conocido como un cliente valioso.

La banca es un negocio en serio, y la elección del banco correcto y de la clase de servicios idóneos será un activo indiscutible para su negocio.

Hoja de trabajo para elegir un banco

	NOMBRE DE LA INSTITUCIÓN FINANCIE- RA POTENCIAL		
	Banco de la Ciudad	Banco Nac. p/la Vivienda	
1. ¿Ha establecido ya una relación de trabajo con: a. la dirección? b. el personal?	Gte.: J. Sosa Excelente personal	Gte.: L. Juárez (orientado a servicio) Cajeros amables	
2. ¿Qué clase de cuentas bancarias empresariales ofrece?	de cheques empresarial + CD, etc.	de cheques empresarial + CD, etc.	
3. ¿Ofrece este banco servicios de tarjeta de crédito mercantiles?	no	sí	
4. ¿Participa en programas de créditos a empresas?	sólo bienes raíces	prestamista preferente de SBA	
5. ¿Se trata de un banco depositario federal?	sí	sí	
6. ¿Es una institución financiera estable?	27 años	22 años	
7. ¿Cuántas sucursales tiene?	7	103	
8. ¿Es conveniente para su negocio la ubicación del banco?	sí	sí	
9. ¿Cuál es su horario de operación? ¿Abre los sábados?	9-3 Lun-Jue 9-6 Vie; 10-1 Sáb.	9-3 Lun-Jue 9-6 Vie; 10-3 Sáb.	
10. ¿Impone un periodo de retención a sus depósitos?	3 días	renuncia a él excepto para terceros	
11. ¿Cuál es el costo por llevar una cuenta de cheques empresarial?	s/costo c/$500 mín	s/costo c/$750 mín	
12. ¿Qué otros servicios proporciona el banco? a. Banca electrónica b. Cajas de seguridad c. Notario Público d. Transferencia electrónica e. Otros	a. no b. sí (gratuito) c. no d. sí e. Caj. aut.	a. sí b. sí c. sí d. sí e. organiza seminarios de negocios; caj. aut.	
13. ¿Cuál es su impresión general respecto al banco?	buen banco, pero no cubre necesidades	parece estable y cu- bre las necesidades	

ELIGE LOS SEGUROS

En algún momento durante la formación de un negocio surge necesariamente la cuestión de los seguros. De hecho, si redacta usted un plan de negocios, los seguros son uno de los temas que se cubren en el Plan de Organización y se interpretan en forma de costos en los Documentos Financieros.

El mundo actual, con su rápida expansión tecnológica, va de la mano con una sociedad inmersa en demandas judiciales. El propietario de negocio más honesto se puede ver implicado en procesos judiciales contra su empresa. Además de la responsabilidad, existen muchas otras consideraciones en cuanto a seguros: incendio, inundación, terremoto, robo, automóviles, compensación a trabajadores, gastos médicos, etc., de las que es necesario ocuparse durante el periodo de duración de la propiedad.

Las anteriores son cuestiones importantes durante la vida del propietario. Pero, ¿qué ocurre si éste muere? Puede requerirse un seguro de vida y un convenio de compraventa para salvaguardar a sus beneficiarios.

Búsqueda y elección de una compañía de seguros

La elección de una compañía de seguros es similar a la de un banco. Una investigación cuidadosa le ayudará a determinar cuál compañía sirve mejor a sus necesidades y le proporciona una cobertura a su alcance.

Llame a su compañía de seguros actual y vea qué le ofrece en seguros para empresas. Consulte a otros agentes independientes que conozca usted o sus socios. Pídales que analicen su negocio con usted y le recomienden un paquete de seguros que le proporcione la cobertura óptima por la cantidad mínima de dinero.

Si sus necesidades en este aspecto son especiales por su tipo de negocio, puede buscar en las publicaciones especializadas de su industria. Es frecuente que las compañías de seguros para empresas se anuncien en esas publicaciones, en especial si el tipo de seguros que ofrecen no está disponible en las compañías principales. Por ejemplo, las industrias de alimentos tienen necesidades específicas. La cobertura es muy costosa y por lo general tienen que buscar una compañía de seguros especializada.

¿Cuáles son los tipos básicos de seguros?

Como ya hemos señalado, existen muchas clases distintas de seguros. De hecho, son tantas que prácticamente todos los propietarios de pequeños negocios quebrarían si pagaran la máxima protección posible en todas las áreas.

Casi todos los pequeños negocios adquieren lo que se conoce como una Póliza de Propietario de Negocio (BOP, *Business Owner Policy*), que por lo general incluye cobertura por propiedad, responsabilidad y actos criminales, además de diversas coberturas especializadas requeridas por el negocio. La ventaja de esta póliza es que suele costar menos que si cada uno de los tipos de cobertura se adquiriera por separado.

En las páginas siguientes nos ocuparemos de algunos de los tipos más básicos de seguros que es necesario considerar. Existen dos categorías generales que incluyen todos los seguros para empresas: el "Seguro de Propiedad y Responsabilidad" y el "Seguro de Vida y Gastos Médicos".

Seguro de propiedad y responsabilidad

El seguro de propiedad cubre las construcciones y sus contenidos contra pérdidas debidas a incendio, robo, viento, terremoto o inundación. Algunos de estos riesgos pueden excluirse de manera específica en su póliza y quizá sea necesario adquirir pólizas adicionales (terremoto, inundación, agua subterránea, etcétera).

El seguro de responsabilidad protege a un negocio de demandas por lesiones o daños a la propiedad de terceros. Este tipo de cobertura paga los daños relacionados con lesiones corporales, daños a la propiedad y lesiones personales. Las pólizas tienen ciertos límites en cuanto a la cantidad máxima que pagará la aseguradora por clases específicas de sucesos.

1. **Responsabilidad general:** el seguro por responsabilidad normal paga demandas interpuestas contra su negocio debido a que un cliente u otra persona (el propietario y los empleados no están

cubiertos) sufrió lesiones en el local del negocio. Es prudente contar con esta clase de seguro de responsabilidad en el momento de abrir. No es raro que un cliente se caiga e interponga una demanda que a usted le será difícil pagar. El seguro por responsabilidad normal incluye también por lo común la cobertura por daños a propiedades de las que no es propietario ni alquila para su negocio (como una fuga de agua desde su propiedad que daña a otra en un negocio adyacente).

2. **Responsabilidad por daños a propiedades:** esta póliza cubre daños a propiedades que usted arrienda o alquila y a propiedades que pertenecen a sus clientes.

3. **Seguro contra incendio:** protege el local, los activos fijos y el inventario contra incendio. La responsabilidad por incendio cubre los daños por incendio a la propiedad que se arrienda o se alquila.

4. **Seguro contra terremoto y contra inundación:** si usted vive en un área que tiene probabilidades de sufrir daños a causa de un terremoto o algún otro fenómeno natural grave, es prudente adquirir una cobertura especial. Las primas suelen ser altas, pero bien valen la pena en caso de sufrir un desastre.

5. **Robo:** protege contra robos en el lugar donde el negocio opera.

6. **Fianzas de fidelidad:** protegen a la compañía contra actos deshonestos de sus empleados.

7. **Fianzas de garantía:** proporcionan una compensación monetaria en caso de que un contratista no ejecute actos específicos o no termine un trabajo en el plazo estipulado.

8. **Cobertura de calderas y maquinaria:** protege contra descomposturas de equipos indispensables para el negocio (por ejemplo, sistemas de

cómputo y telefónicos, equipo de producción, etcétera).

9. **Responsabilidad por productos:** protege contra demandas interpuestas por cualquiera que utilice su producto después de salir de su negocio. En muchos casos usted será responsable aun cuando su producto no haya sido usado correctamente. El costo de la responsabilidad por productos por lo general es proporcional al volumen de ventas y al grado de riesgo existente.

10. **Compensación al trabajador:** casi todos los estados exigen que el patrón cuente con un seguro que cubra a todos los empleados en caso de incapacidad o enfermedad relacionada con el lugar de trabajo. Usted puede comunicarse con su aseguradora para contratar compensación al trabajador o ponerse en contacto con el Departamento Estatal para el Empleo para informarse acerca de los seguros que maneja el estado. Aunque éste es un seguro que cubre a los empleados, su costo total está a cargo del patrón. La cantidad que se cobra por este concepto varía según el número de empleados y también de acuerdo con el grado de riesgo existente. Si su industria es de alto riesgo, las primas pueden ser muy elevadas.

La compensación al trabajador es actualmente una de las cuestiones más polémicas. Debido a la alta incidencia de fraudes y a la tendencia hacia demandas por tensión, muchos patrones se han visto obligados literalmente a cerrar el negocio debido a su incapacidad para pagar los crecientes costos del seguro. Muchas empresas han instituido programas de seguridad en el trabajo y programas de intervención para reducir el número de demandas. También se está dando más importancia a la detección de fraudes. Para aminorar las demandas relacionadas con la tensión, está pendiente una legislación que asignará un valor porcentual que deberá atribuirse a esas reclamaciones.

11. **Seguro contra interrupción de la operación del negocio:** por lo general, se puede agregar a la póliza normal una cobertura que paga una cantidad aproximadamente igual a la que el negocio habría ganado en caso de tener que cerrarlo mientras el local se reconstruye o se repara. También se puede adquirir un seguro de gastos generales que paga los gastos de operación durante ese tiempo. Existen además otros tipos de cobertura que se pueden adquirir para cubrir la operación del negocio en circunstancias individuales, como hospitalización, por ejemplo.

12. **Seguro de vehículo:** casi todos los estados exigen contar con una cierta cantidad de cobertura por responsabilidad si se va a utilizar un vehículo. Es probable que su aseguradora normal pueda proporcionar el seguro para el vehículo de su negocio. Ahora bien, si utiliza éste tanto para fines personales como del negocio, necesita verificar que se agregue una cláusula que cubra esto último. Si algunos de sus empleados van a conducir los vehículos del negocio, asegúrese de disponer de cobertura vigente en caso de un accidente.

13. **Seguro "sombrilla":** es una póliza de responsabilidad que protege al negocio contra pérdidas catastróficas; proporciona protección adicional contra accidentes que afectan a varias personas y también amplía los límites de responsabilidad en pólizas de automóvil (por lo común en incrementos de $1,000,000).

Seguro de vida

Una de las preocupaciones del cónguye y los beneficiarios del propietario de una empresa es la cuestión de qué ocurre con el negocio si el propietario fallece. La muerte de un propietario trae consigo la responsabilidad de tomar medidas para disponer del negocio. Se necesita un seguro de vida y algún tipo de convenio de compraventa. Si usted muere sin haber tomado las medidas necesarias, sus beneficiarios pueden verse obligados a vender o a desmantelar el negocio para pagar los impuestos de sucesión correspondientes. Si, por el contrario, usted hace planes y cuenta con una póliza de seguro de vida adecuada, sus beneficiarios pueden emplear el producto de la póliza para liquidar los impuestos de sucesión y continuar operando el negocio. Si deciden venderlo, todavía les quedará algo que vender.

El seguro de vida es una consideración especialmente importante en el caso de una sociedad. En muchas sucesiones de propiedad en comunidad, si un socio fallece, su cónyuge se convierte en dueño de su participación del negocio y tiene autoridad para tomar las decisiones de dicho socio. Esto puede crear una situación sumamente insatisfactoria ya sea para el socio sobreviviente o para el cónyuge. De ahí la importancia de contar con un convenio de sociedad que establezca lo que sucederá si un socio fallece. Se puede incluir una póliza de seguro de vida como parte del convenio, con una cláusula que establezca que el producto de la póliza será utilizado por el socio sobreviviente para adquirir la participación del occiso en el negocio.

La compra de seguros de vida individuales y permanentes por parte de los propietarios del negocio puede financiar un programa de compensación diferida sobre una base calificada sin impuestos que permite a los propietarios reservar dinero para su jubilación o que paga una prestación por fallecimiento al cónyuge sobreviviente. También se puede adquirir un seguro de vida clave para cubrir a las personas clave cuyo fallecimiento podría afectar las ventas y la rentabilidad de la compañía. Una póliza de plazo ayudaría a reemplazar la pérdida de la persona. Una póliza permanente de seguro de vida de persona clave también acumularía valor en efectivo para ayudar a proveer fondos para el plan de jubilación de esa persona.

Seguro de gastos médicos

El seguro de gastos médicos ha sido por mucho tiempo la némesis del autoempleado. Los costos suelen ser prohibitivos y la cobertura deficiente. Existen muchas pólizas de grupo disponibles por medio de asociaciones industriales y compañías de seguros especializadas en la pequeña empresa, pero casi siempre las primas son bastante elevadas.

El mejor consejo que podemos ofrecer es que explore todas las posibilidades y continúe obteniendo cotizaciones de nuevas coberturas que aparezcan en el mercado. Si tiene oportunidad de continuar con su seguro de gastos médicos con una compañía para la que haya trabajado anteriormente, ésa puede ser su mejor alternativa.

Prestaciones de los empleados

Ésta es otra cuestión respecto a la cual el propietario de un pequeño negocio debe tomar ciertas decisiones importantes. Sus empleados necesitan sin duda un seguro de gastos médicos y probablemente tengan derecho a él. Sin embargo, los costos prohibitivos de los planes de seguros grupales han hecho casi imposible que los propietarios de pequeñas empresas lo proporcionen a sus empleados, aun cuando quisieran hacerlo. Según las estadísticas, en Estados Unidos actualmente el costo promedio es de $3,968 por empleado al año, y los costos van en aumento debido a diversos factores, como son la complejidad de los tratamientos, los cuidados innecesarios, las demandas por tensión y la medicina defensiva.

También hay mucha controversia acerca de esta área en el sector gubernamental. Está pendiente una legislación regulatoria que puede obligar a todo propietario de un negocio a proporcionar planes de gastos médicos a todos los empleados que trabajen más de un cierto número de horas.

Con el propósito de evitar el pago de prestaciones a empleados, muchas empresas, entre ellas grandes compañías, contratan personal a través de agencias de empleados temporales. Existen reglas tanto estatales como fiscales que se aplican a servicios de no empleados (o por contrato). Tenga presente el hecho de que estas restricciones existen y asegúrese de clasificar correctamente a sus trabajadores. Clasificar a un empleado bajo el rubro de servicios por contrato cuando en realidad se trata de un empleado trae consigo fuertes sanciones fiscales.

Otras consideraciones

La cobertura de seguros es un tema complicado y no se puede tratar de manera adecuada en el espacio que le hemos asignado aquí. Nuestro negocio no son los seguros y por tanto no deseamos que considere que le damos consejos respecto a los que debe adquirir ni en qué compañía deba obtenerlos.

El material expuesto en este paso tiene el propósito de familiarizarlo con cierta información general que concierne a los tipos de seguros que debe tomar en cuenta.

Consulte a su agente profesional de seguros para determinar qué está disponible y lo que sería mejor para su negocio y para usted. También sería prudente consultar al encargado de planear sus impuestos, en especial en el área de seguros de vida.

Cuando ya tenga la información

Después de obtener información de varias compañías de seguros en cuanto a coberturas y costos, será necesario tomar algunas decisiones finales. Tendrá que analizar sus necesidades de seguros dividiéndolas en necesidades inmediatas y protección de largo plazo. Entérese de los requerimientos del gobierno federal y el estatal, su arrendatario o el titular de sus vehículos, etc. Decida también con qué clase de seguros tendrá que contar para proteger su negocio. Clasifique los seguros que necesita como obligatorios, necesarios y deseables. Decida cuáles puede adquirir ahora, cuáles adquirirá cuando sus finanzas lo permitan y cuáles deberán esperar hasta una fecha futura.

Para ayudarle en su selección: en la página siguiente incluimos una hoja de trabajo que le ayudará a comparar compañías de seguros en lo que respecta a cobertura y costos. También puede usar la **Forma de actualización de seguros,** incluida en el paso 20: Utiliza las hojas de trabajo.

Hoja descriptiva de seguros

I. Tipos de seguros para empresas

A. PROPIEDAD Y RESPONSABILIDAD
Responsabilidad general
Responsabilidad por daños a propiedades
Seguros contra incendio
Seguros contra terremoto / inundación
Robo
Fianzas de fidelidad
Fianzas de garantía
Cobertura de calderas y maquinaria
Responsabilidad por productos
Compensación a trabajadores
Seguro contra interrupción de la operación
   del negocio
Seguro de vehículos
Seguro "sombrilla"

B. VIDA Y GASTOS MÉDICOS
Seguro de vida
Seguro de incapacidad
Prestaciones de los empleados
Seguro de grupo
Programas de jubilación
Gastos generales

II. Elabore su lista de prioridades para selección de seguros

A. Protección inmediata que es:
1. Obligatoria _____
2. Necesaria _____
3. Deseable _____

B. Protección de largo plazo que es:
1. Obligatoria _____
2. Necesaria _____
3. Deseable _____

III. Puntos fundamentales

A. Los seguros son y deben ser un factor importante por considerar cuando se crea un negocio.

B. Las primas por propiedad y responsabilidad durante el primer año en ocasiones son más altas que para años subsiguientes debido a la frecuencia con que el asegurado expone incorrectamente los hechos y al alto riesgo para la compañía aseguradora.

C. La elección de su agente o corredor (asesor y comprador) de seguros es una de las decisiones más importantes que debe tomar.

IV. Cinco pasos para impedir que su negocio quiebre debido a una causa "no asegurable"

A. Reconozca los riesgos que tendrá que afrontar.

B. Siga las pautas para cubrirlos de manera económica.

C. Tenga un plan en mente.

D. Obtenga el consejo de los expertos.

E. **¡Hágalo ahora!**

CONSIGUE FINANCIAMIENTO

Cuando usted planea abrir un nuevo negocio (o expandir el actual), surgen cuatro preguntas importantes en relación con las finanzas:

1. ¿Será necesario pedir dinero a crédito?
2. Si requiere financiamiento externo, ¿cuánto necesita y en qué momento?
3. ¿Cuáles son las fuentes de financiamiento disponibles para satisfacer sus necesidades?
4. ¿Cuánto le costará?

Para tomar una decisión inteligente y oportuna, es necesario estudiar estas cuatro preguntas. Si no lo hace, la falta de suficiente capital disponible puede llevarlo rápidamente al fracaso.

¿Será necesario pedir dinero a crédito?

El primer paso consiste en plantearse algunas preguntas que le ayudarán a tomar la decisión correcta al contribuir a que usted entienda de manera realista sus necesidades financieras e impedirle cometer errores costosos que pueden ocasionar en último término la bancarrota de un negocio potencialmente viable. Para determinar si necesita o no financiamiento externo, algunas de las preguntas que podría hacerse son:

1. ¿He redactado un plan de negocios para estar en condiciones de tomar decisiones financieras con base en el logro de las metas que deseo para mi empresa? Si no lo ha hecho, redáctelo.
2. ¿Estaría dispuesto a arriesgar mi propio dinero en mi empresa? ¿Cuáles son los riesgos? ¿Cuáles son mis propias fuentes de capital disponible? Si usted no está dispuesto a tomar un riesgo, no espere que alguien más lo haga.
3. ¿Requiero en realidad financiamiento adicional o simplemente necesito administrar mi flujo de caja actual con más eficiencia?
4. ¿Para qué necesito el dinero? Si lo pido prestado, puedo proyectar de manera realista ingresos mayores? De ser así, ¿cuándo justificarán la deuda esos ingresos adicionales?

¿Cuánto necesita y en qué momento?

Si decide que necesitará financiamiento adicional, tendrá que evaluar cuidadosamente sus necesidades y determinar no sólo la cantidad que necesita, sino el momento en que precisará de ella. Muchos propietarios de negocios sobreestiman o subestiman sus necesidades de capital y no eligen el momento óptimo para el financiamiento. Ambas situaciones pueden dar origen a problemas serios.

Lo primero que necesita es un *plan de negocios* realista, uno que se proponga seguir con tanto apego como sea posible. (¿Suena esto repetitivo?) La única manera de examinar todos los aspectos de su negocio es a través del proceso de planificación, el cual le obligará a crear un plan de organización y un plan de marketing, y también a interpolar ambos en forma de estados financieros proyectados con cifras que se puedan leer y analizar. Esas proyecciones le proporcionarán un estimado fundamentado de sus necesidades financieras y le indicarán en qué momento es más probable que las mismas se presenten. Su plan de negocios responderá preguntas como éstas:

1. ¿Cuáles son mis necesidades cruciales?
2. Si necesito el dinero para capital operativo inmediato, ¿cuánto necesitaré para la operación de mi negocio hasta que comience a sustentarse por sí mismo?
3. Si necesito el dinero para adquirir activos fijos para mi negocio, ¿ha demostrado mi investigación que puedo alcanzar el mercado objetivo que justifique la compra de esos activos? Si no es ahora, ¿cuál sería el momento óptimo para incorporar esos activos?
4. Si necesito el dinero para marketing, ¿cuáles son los medios más eficaces para alcanzar mi mercado objetivo? ¿Cuánto costará la publicidad? Se reflejará este mayor esfuerzo de marketing en incrementos aun más grandes en mis ingresos? De acuerdo con las tendencias de mi industria, ¿cuáles son los mejores periodos de venta y en qué momento necesitaré el financiamiento con el fin de disponer del tiempo de gestación necesario para que la publicidad genere resultados óptimos?

¿Cuáles son las fuentes a su alcance?

Casi todos los días recibimos llamadas solicitando orientación hacia fuentes de capital de arranque.

Las fuentes de financiamiento disponibles para negocios en perspectiva y en expansión se agrupan en dos categorías principales que habremos de analizar en el resto de este paso:

1. **Financiamiento de deuda** (dinero pedido a crédito)
2. **Financiamiento de capital contable** (dinero de propiedad inyectado al negocio)

Financiamiento de deuda

El financiamiento de deuda se obtiene en general de una de dos fuentes: una no profesional, como un amigo, pariente, cliente o colega, o una institución tradicional de crédito, como un banco, una compañía financiera comercial o la Small Business Administration de los Estados Unidos.

1. **Amigos o parientes:** un préstamo de un amigo o pariente es por lo general la fuente más fácilmente disponible, en especial cuando las necesidades de capital son pequeñas. Suele ser la menos costosa en términos de dinero, pero puede volverse la más costosa en términos de relaciones personales si el programa de rembolso no se cumple de manera oportuna o su empresa no resulta. Esta vía se debe emplear con mucha precaución.
2. **Programas Ángel:** para los propietarios de pequeños negocios, las mujeres y las minorías, se ha dado una tendencia creciente hacia el desarrollo de programas "Ángel" por medio de organizaciones empresariales y compañías especializadas en

la pequeña empresa. Los individuos y las pequeñas empresas que desean invertir cantidades pequeñas en negocios con proyección son conectados con esas compañías, y ambos deciden si se concede o no el crédito. Esta vía es relativamente nueva, pero es promisoria en cierta medida para el futuro.

3. **Instituciones tradicionales de crédito:** los bancos, las sociedades de ahorro y préstamo y las compañías financieras comerciales han sido por mucho tiempo las fuentes principales de financiamiento para las empresas, principalmente como prestamistas de corto plazo que ofrecen préstamos a la vista, líneas de crédito de temporada y préstamos de propósito único para activos fijos.

   Es necesario tener en cuenta que casi todas las instituciones de crédito son estrictas en cuanto a la necesidad de una garantía colateral y exigen que los negocios establecidos aporten un tercio de la inyección de capital y las que apenas arrancan, hasta el 50 por ciento o más. Una vez más, como prestatario, se le pedirá tener un plan de negocios con la documentación adecuada que demuestre que podrá rembolsar el préstamo junto con los intereses.

4. **Créditos garantizados por la SBA:** el programa de créditos garantizados de la SBA es una fuente secundaria de financiamiento. Esta opción entra en juego cuando las opciones de préstamos privados han sido denegadas. La SBA ofrece diversos programas de crédito a las pequeñas empresas que cumplen los requisitos y que no pueden obtener créditos en términos razonables de los prestamistas convencionales por la cantidad que necesitan sin ayuda del gobierno. La mayoría de los préstamos a negocios de la SBA son efectua-

dos por prestamistas privados y garantizados luego por la SBA. Aunque no es necesariamente más fácil obtener la aprobación para un préstamo garantizado por la SBA, la garantía permite obtener un préstamo con un plazo de vencimiento más largo con mejores términos de rembolso y tasas de interés, con lo cual se reducen los pagos mensuales y la carga inicial que representa el préstamo.

a. **Programa de Créditos garantizados 7(a):** en la actualidad la cantidad máxima para una garantía de crédito es $750,000. Los préstamos de $100,000 o menos reciben el 80 por ciento de garantía. Todos los demás préstamos reciben una garantía de la SBA del 75 por ciento. El tamaño medio del crédito es de $175,000, con un plazo de vencimiento a ocho años. El programa de créditos 7(a) se orienta a negocios lucrativos que califican como pequeños según los criterios de norma de tamaño de la SBA. Por lo general se toman gravámenes sobre los activos financiados con recursos de la SBA y se requiere la garantía personal de los propietarios principales o el presidente de la empresa. La SBA no puede negar un préstamo 7(a) sólo por falta de una garantía colateral suficiente. La SBA exige por lo general que el prestatario contribuya con un tercio de los costos totales del proyecto necesarios para el arranque de un nuevo negocio. El prestamista establece la tasa de interés, que no puede exceder del 2.75 por ciento por encima del *New York Prime* bajo.

b. **Programa de Créditos *LowDoc:*** los préstamos de $100,000 o menos están garantizados hasta el 80 por ciento de la cantidad prestada, y deben garantizarse de manera adecuada. Por lo común, se dan en prenda los activos del negocio y se requieren garantías personales de los socios. El solicitante llena el frente de una solicitud de una página de la SBA; el prestamista llena la parte trasera y solicita información adicional. En cuanto a tasas de interés, se aplican las mismas reglas que en el Programa 7(a).

c. **Programa Piloto de Créditos de Precalificación para Minorías** (*MPQ: Minority Pre-Qualification Pilot Loan Program*): una persona perteneciente a una minoría racial o étnica debe ser dueña de al menos el 51 por ciento del negocio y dirigir el mismo; el negocio debe satisfacer las normas de tamaño 7(a) y los criterios generales de idoneidad de la SBA. Los activos del negocio o personales se darán en prenda cuando corresponda. La SBA garantiza el 80 por ciento de los créditos de hasta $100,000. Los créditos mayores se consideran en forma individual. En cuanto a tasas de interés se aplican las mismas reglas que en el Programa 7(a).

d. **Programa Piloto de Créditos Citibank-Alliance**: en términos generales, un negocio cumple los requisitos para este programa si es pequeño y (1) está involucrado en el desarrollo y uso de nuevas tecnologías, (2) se le identifica como creador de empleos, o (3) exporta. Los préstamos se deben garantizar de manera adecuada. La cantidad máxima que se presta es de $250,000 para todos los créditos a un pequeño negocio que califica para el programa. La SBA garantiza el 70 por ciento del préstamo bajo el Programa Piloto. En cuanto a tasas de interés se aplican las mismas reglas que en el Programa 7(a).

e. **Programa de Créditos Fa$trak**: los requisitos y las reglas para tasas de interés son los mismos que para los créditos garantizados 7(a). La cantidad máxima que se presta es $100,000 y la SBA garantiza hasta el 50 por ciento del préstamo.

f. **Capline (antes conocido como Greenline)**: los requisitos y las reglas en cuanto a tasas de interés son los mismos que para los créditos garantizados 7(a). Se destina al financiamiento de activos. La garantía colateral puede incluir cuentas por cobrar, inventario, asignación de productos de un contrato, etc. La SBA garantiza el 75 por ciento de hasta $750,000. Con el programa Capline, la SBA otorga a los pequeños negocios cuatro tipos de capital de trabajo: (1) de temporada, (2) por contrato, (c) de construcción, y (4) con base en activos. Las líneas con base en activos deben ser revolventes.

g. **Compañía de Desarrollo Certificada 504**: Las CDC son sociedades anónimas no lucrativas del sector privado o público cuyo propósito es contribuir al desarrollo económico de sus áreas de operación. Proporcionan financiamiento a 10 ó 20 años a pequeños negocios, destinado a la adquisición de terrenos y construcciones, maquinaria y equipo. Para participar en este programa, el negocio debe tener fines lucrativos, tener un valor neto no mayor de $8,000,000, y una utilidad neta promedio después de impuestos no mayor de $2,000,000 en los últimos dos años. El financiamiento se limita ordinariamente a inmuebles, maquinaria y equipo. La cantidad máxima que se presta suele ser $750,000, y puede aumentar a $1,000,000 si el proyecto satisface metas de políticas públicas (por ejemplo la revitalización de distritos comerciales, la expansión de exportaciones, la expansión de empresas minoritarias). La garantía colateral puede incluir una hipoteca sobre el terreno y la construcción que se financia. Se requieren garantías personales de los socios. La SBA acepta activos del negocio como garantía. El interés se fija en la segunda tasa para depósitos a plazo con base en la tasa vigente en el mercado para los Bonos del Tesoro de Estados Unidos a cinco y diez años, y por lo general es inferior a la tasa de mercado.

h. **Los créditos de Defensa y Asistencia Técnica (***Delta: Defense Loan and Technical Assistance***)** están disponibles para pequeñas empresas dependientes de la defensa. Al menos el 25 por ciento de los ingresos del negocio en el año inmediatamente anterior deben haber provenido de contratos relacionados con la defensa y el prestatario debe demostrar que creará o conservará un empleo por cada $35,000 de asistencia de la SBA. Los créditos alcanzan hasta $1,250,000 y se aplican las reglas especiales 7(a)21 a los honorarios y las tasas de interés.

i. **Créditos para el comercio internacional**: los solicitantes deben establecer ya sea que el producto del préstamo expandirá significativamente los mercados de exportación existentes o desarrollará nuevos mercados, o que el solicitante está experimentando efectos adversos a causa de la competencia de importaciones. La SBA puede garantizar el 75 por ciento de una cantidad que puede llegar a $1,250,000. Para el financiamiento de inmuebles, el préstamo máximo es por $1,000,000. Los préstamos para capital de trabajo tienen un máximo de $750,000. El producto del préstamo no se puede usar para rembolso de adeudos. Los honorarios y tasas de interés son los mismos que para los créditos 7(a).

j. **Programa de capital de trabajo para exportación**: la SBA garantiza créditos de hasta $750,000 o el 75 por ciento de la cantidad prestada, lo que sea menor. Las empresas deben haber estado en operación durante los últimos 12 meses, no necesariamente en exportaciones, antes de presentar la solicitud. Las tasas de interés no están reguladas por la SBA y el prestamista no se limita a las tasas especificadas para los préstamos 7(a) normales.

Financiamiento de capital líquido

Si su compañía tiene una alta proporción de deuda a capital (lo que debe contra lo que posee), le resultará difícil obtener financiamiento de deuda y es probable que necesite buscar inversión en capital para obtener fondos adicionales. Esto significa que usted intercambia un cierto porcentaje de su compañía por una cantidad de dinero específica que se inyectará a la compañía.

1. **¿De dónde proviene el financiamiento de capital líquido?** Como en el caso del capital de deuda, puede provenir de amigos y parientes o de un inversionista profesional conocido como "capitalista de empresas de riesgo". Aquí cabe repetir que mezclar a los amigos y parientes con el negocio quizá no sea una buena idea.

   El capitalista de empresas de riesgo es alguien que acepta riesgos, que por lo común se especializa en compañías afines y que prefiere aquellas con tres a cinco años de antigüedad que han demostrado un alto potencial de crecimiento y ofrecen a sus accionistas utilidades superiores al promedio. Estas inversiones se hacen a veces por medio de negocios que se especializan en actuar como "casamenteros".

2. **Compañías de inversión con licencia de la SBA**: la SBA también concede licencias a las Compañías de inversión para la pequeña empresa (*SBIC: Small Business Investment Companies*) y las Compañías de inversión para la empresa minoritaria (*MSBIC: Minority Enterprise Small Business Investment Companies*). Estas compañías hacen inversiones de riesgo suministrando capital contable y ampliando préstamos no garantizados a pequeñas empresas que satisfacen sus criterios.

3. **Consideraciones especiales en relación con el capital de riesgo**: en su calidad de individuos dispuestos a aceptar riesgos, los capitalistas de empresas de riesgo tienen derecho a participar en la dirección del negocio. Si la compañía no obtiene los resultados esperados, estas personas pueden adoptar un papel activo en el proceso de toma de decisiones. La pregunta que se nos formula con más frecuencia: es, "¿Cuál es la cantidad normal de acciones ordinarias que se tiene que intercambiar por el financiamiento?". El intercambio de acciones por capital se basa en la oferta y la demanda. En otras palabras, las condiciones del trato las establece quien tiene el mayor poder de negociación.

Los capitalistas de empresas de riesgo también exigen la inclusión de una estrategia de salida en el plan de negocios de la compañía. Esto reduce al mínimo el riesgo para el inversionista al proporcionar una vía de salida para el caso en que haya fuertes indicios de que la empresa no va a poder alcanzar sus metas de rentabilidad.

¿Cuánto le costará?

El costo del financiamiento está relacionado normalmente con el grado de riesgo existente. Si el riesgo es elevado, también lo es el costo.

1. **El dinero menos costoso es el suyo.** El costo para usted es el rendimiento que daría su dinero si lo invierte en otras fuentes (cuentas de ahorros, cuentas de mercado de dinero, bonos, planes de jubilación, bienes raíces, etcétera).

    Nota: en este punto, sería negligente de nuestra parte no mencionar las tarjetas de crédito. Muchos propietarios de nuevos negocios toman prestadas fuertes cantidades de sus tarjetas de crédito y luego se encuentran con que están endeudados hasta el cuello. Las tarjetas de crédito son una de las fuentes de efectivo más costosas y han preparado el camino hacia el tribunal de quiebras en más de una ocasión. ¡No caiga en esta trampa!

2. **Amigos y parientes:** la alternativa que sigue en cuanto a costo es recurrir a amigos y parientes, quienes quizá le carguen una tasa de interés más baja. Pero no olvide que puede tener un costo para usted desde otros puntos de vista.

3. **Bancos y otros prestamistas tradicionales:** el tercer sitio en la escala de costo lo ocupa probablemente el prestamista tradicional (bancos, SBA, etc.) Éste querrá saber para qué se va a usar el capital y exigirá que se use para satisfacer esas necesidades específicas. Si el riesgo es demasiado elevado, la mayoría de los prestamistas convencionales no podrán aprobar su préstamo porque sería una mala decisión financiera para los inversionistas del banco. La falta de pago en un caso de cada diez minaría todo su programa.

4. Prestamistas externos y capitalistas de empresas de riesgo: tradicionalmente, el más costoso es el prestamista externo que carga una elevada tasa de interés a causa del riesgo implícito y el capitalista de empresas de riesgo que exige un porcentaje del negocio.

Cómo calcular el costo

Antes de obtener un préstamo, dedique un poco de tiempo a entender los términos en los cuales habrá de hacerse su préstamo. ¿Cuál es la tasa de interés? ¿De cuánto tiempo dispone usted para rembolsarlo? ¿Cuándo se iniciarán los pagos y por qué cantidad serán? ¿Qué dará usted como garantía colateral? Si se va a inyectar capital de riesgo en el negocio, ¿pagará usted intereses sobre esa inversión? ¿Qué parte de los pagos se puede aplicar como deducción? *Recuerde, los reembolsos de capital no son deducibles de impuestos.*

Se debe calcular el costo de cualquier fuente de financiamiento antes de efectuarlo. Una vez más, recurra a su plan de negocios. Determine para cuándo se necesita el financiamiento, inserte la inyección de efectivo, las cifras de rembolso y las proyecciones de ingresos resultantes en su estado de flujo de caja y compruebe el resultado. Determine si el financiamiento hará más rentable a su empresa y si esto le permitirá rembolsar al prestamista o repartir utilidades al capitalista de empresas de riesgo.

Un último comentario

La obtención de financiamiento para su compañía se debe planear con mucha anticipación. Cuanto más inmediata sea su necesidad, menos probabilidades tendrá de conseguir las condiciones más favorables. No pida a su banquero que le conceda un préstamo para ayer. La planificación anticipada del flujo de caja es uno de los mejores medios para determinar si va a necesitar un préstamo y en qué momento, y también le ayudará a determinar cuánto necesitará.

Cuando haga planes para un crédito, recuerde que no sólo tiene que demostrar que su industria tiene un buen potencial para generar utilidades. Además, tendrá que presentar una fuerte justificación de su capacidad para dirigir su compañía a lo largo del periodo de endeudamiento. El financiamiento es asunto serio tanto para usted como para el inversionista.

Dedique tiempo a planear minuciosamente sus necesidades financieras y su compañía prosperará y crecerá en consecuencia.

LLEVA LOS LIBROS

La importancia de llevar registros

El mantenimiento de registros tiene dos funciones principales:

1. Proveer información fiscal que se pueda recuperar y verificar con facilidad. Los registros mal llevados causan multitud de problemas y pueden dar como resultado auditorías, sanciones e incluso el cierre de su negocio.
2. Proveer información que usted pueda usar para analizar su negocio. Unos estados financieros exactos le ayudarán a percatarse de tendencias y hacer cambios durante la vida de su negocio.

El mantenimiento de registros precisos es imperativo su éxito. Para conseguir la máxima eficacia, es necesario establecer un sistema tan sencillo como sea posible y a la vez lo suficientemente completo para proporcionarle cualquier información que resulte útil para su negocio. Si dispone de un conjunto cabal de registros, podrá saber de un vistazo lo que está ocurriendo en su negocio: qué áreas son productivas y rentables y cuáles requieren cambios.

Un comentario acerca del software de contabilidad

Si cuenta con una computadora personal, puede utilizarla para llevar sus registros, pero sólo si conoce bien los procedimientos para llevar sus registros y la operación de la computadora. Aun el software más sencillo deberá adaptarse a sus necesidades contables particulares.

QuickBooks (no *Quicken*, que es un programa de finanzas personales) de Intuit es uno de los programas de software que permite llevar muy bien la cuenta de las finanzas de un negocio. Además, Intuit está desarrollando activamente programas que habrán de proporcionar al propietario de una pequeña empresa un enlace directo con su banco. En 1996 Intuit lanzó al mercado *ExpensAble 2.0*, que permite al viajero de negocios capturar sus gastos ya sea sobre la marcha o al final de su viaje y, en pocos minutos, elaborar informes de gastos.

Existen además otros paquetes de contabilidad muy conocidos, como *One-Write Plus*, *Dac Easy*, *MYOB* (Mind Your Own Business) y *Peach Tree*. Casi todos estos paquetes tienen precios razonables (muchos cuestan menos de $100, según el número de módulos acoplados).

¿Debe usted contratar un contador profesional?

Si usted se involucra en la teneduría de libros en la medida de lo posible, estará doblemente consciente de lo que ocurre en su negocio. Si su empresa es muy pequeña, le sugerimos establecer un sistema manual y llevar la mayoría de sus propios registros generales a lo largo del año. Si conoce el manejo de las computadoras (o tiene el valor suficiente para emprender el proyecto), consiga uno de los paquetes de software ya mencionados.

Puesto que son contados los propietarios de negocios que conocen bien los puntos finos y las modificaciones a las leyes fiscales, es mejor delegar ciertas tareas a un profesional de la contabilidad. Esta persona le puede ayudar a crear inicialmente un diagrama de cuentas y a establecer sus libros empleando software de coordinación para facilitar la transferencia de información. Un profesional especializado en impuestos también puede encargarse de llevar los registros difíciles, como las nóminas y la depreciación. Este mismo especialista puede obtener para usted los máximos beneficios fiscales elaborando su declaración de impuestos al final del año.

Si se siente más cómodo con un contador profesional encargado de llevar todos sus libros, de cualquier manera es prudente que usted aprenda lo básico. Pida a su contador que elabore un Balance General y un Estado de Pérdidas y Ganancias al cierre de cada mes y asegúrese de poder leerlo y entenderlo. La información de estos dos estados financieros es fundamental para la marcha eficiente de su negocio.

¿Cuándo debe empezar?

Si está usted leyendo este libro, significa que está pensando en poner un negocio o que ya ha iniciado uno. Así que ahora es el momento de comenzar a llevar registros. Todos los gastos en que incurra en el arranque son costos válidos de operación del negocio; a la inversa, también es necesario dar cuenta de todos los ingresos que genere.

Puede comenzar por llevar un diario de sus actividades cotidianas: a dónde va, qué ve, qué gasta. Anote los seminarios de administración, el millaje, los suminis-tros adquiridos, las llamadas telefónicas, los materiales profesionales; en fin, todo lo que pueda estar relaciona-do con su negocio.

¿Qué registros es necesario llevar?

Su sistema de teneduría de libros debe ajustarse a la medida de sus necesidades individuales. Puesto que no hay dos negocios que manejen exactamente los mismos asuntos, es mejor no adquirir un conjunto de libros ya hecho. Familiarícese con la información que va a nece-sitar y conforme sus registros en concordancia. Como propietario de un negocio, está obligado a llevar la cuen-ta de todos sus ingresos y gastos.

Conviene repetirlo una vez más: la sencillez es la clave en la contabilidad de un pequeño negocio. Existen muchos tipos de registros contables generales, cuyo pro-pósito es registrar cada transacción que se lleva a cabo en el suyo. Los registros generales se usan después para elaborar estados financieros mensuales y anuales que servirán como base para la declaración de impuestos y el análisis financiero. Usted debe establecer sólo los re-gistros generales que habrá de necesitar para documen-tar la información de su negocio en particular. Por ejemplo, un servicio de lavado de autos que sólo efec-túa transacciones en efectivo no necesita registros de "cuentas por cobrar". Un número reducido de registros es más fácil de leer y exige menos tiempo dedicado a la teneduría de libros.

Registros generales

Todo negocio requiere ciertos registros para llevar la cuenta de sus transacciones cotidianas. Estos registros se emplean para generar los estados mensuales de pérdidas y ganancias y los balances generales. Usted debe establecer un programa para llevar sus registros y mantenerlos al día.

Con el propósito de darle a conocer los registros generales más comunes, definiremos cada uno de ellos, le proporcionaremos una muestra llena en la página 149 e incluimos una forma en blanco en el Apéndice, la cual puede copiar y usar libremente.

1. **Diario de Ingresos y Gastos:** éste es el registro general principal que utiliza una empresa, y se usa para asentar las transacciones individuales por las cuales se recibe un ingreso y los cheques librados por su negocio. Las transacciones se asientan como ingresos (dinero producto de ventas e intereses ganados) y gastos (cheques librados para pagar por productos y servicios recibidos por usted). Al final del mes, se calcula el total de las columnas del Diario de Ingresos y Gastos. Los totales se transfieren al Estado de Pérdidas y Ganancias del mes. El nuevo mes se inicia con todas las categorías de ingresos y gastos en cero. Vea un ejemplo de **Diario de Ingresos y Gastos** en la página 150.

2. **Registro de Caja Chica**: el término caja chica se refiere a todas las compras efectuadas con efectivo o cheques personales cuando no resulta conveniente pagar con un cheque de la empresa. Estas transacciones se asientan en un diario por separado y se pagan expidiendo periódicamente un cheque de la empresa que se registra como un gasto en el Diario de Ingresos y Gastos y como un depósito en el Registro de Caja Chica. Es necesario asentar minuciosamente todas las transacciones de caja chica. Véase la página 151.

3. **Registros de inventario:** son los registros que llevan la cuenta de todos los productos adquiridos

o fabricados para reventa. Las autoridades fiscales (el IRS en los Estados Unidos) exigen un inventario inicial y final para cada año gravable. El control de inventarios es un factor importante que contribuye al éxito del negocio, o a su fracaso. El uso interno de estos registros incrementará considerablemente sus utilidades. Véanse las páginas 152 y 153.

4. **Registro de activos fijos**: una lista de todos los activos (tangibles e intangibles) que se tendrán que capitalizar (o depreciar a lo largo de un número específico de años). Se trata de artículos adquiridos para utilizarse en el negocio (no para reventa), generalmente a un costo de $100 o más y no cargados a una cuenta de gastos. Estos activos se deprecian a lo largo de un periodo determinado por las reglas fiscales; algunos ejemplos son: edificios, vehículos, equipo de oficina, equipo de producción, muebles de oficina. El terreno no se deprecia. Puede ser difícil calcular la depreciación debido a las múltiples reglas fiscales que es preciso aplicar. Es mejor dejar que el encargado de elaborar su declaración la calcule al final del año. Véase la página 154.

5. **Cuentas por pagar**: éste es un registro de los adeudos de su compañía por concepto de mercancías adquiridas o servicios prestados a usted en el ejercicio de su negocio. Es necesario un sistema eficiente para llevar la cuenta de lo que debemos y de cuándo se debe pagar para conseguir las mejores condiciones. Para que tenga un buen historial de crédito, el pago de estas facturas debe ser oportuno. Si no acumula facturas no pagadas, es probable que pueda prescindir de este registro. Véase la página 155.

6. **Cuentas por cobrar**: este registro se emplea para llevar la cuenta de los adeudos de sus clientes

hacia usted como resultado de la venta de productos o la prestación de servicios. A cada cliente que tenga una cuenta abierta se le deberá asignar una página individual con la información de su cuenta. Los estados de saldos pagaderos se envían a los cuentahabientes al cierre de cada mes. Si no tiene cuentas abiertas, también podrá prescindir de este registro. Véase la página 156.

7. **Registros de millaje, gastos de representación y viajes:** son los registros usados para llevar la cuenta de los gastos de automóvil y transporte, comidas y gastos de representación con clientes y viajes fuera de la localidad. Debido al abuso que se dio en el pasado en estas áreas, las autoridades fiscales exigen una documentación minuciosa como prueba de que las deducciones reclamadas son en efecto gastos relacionados con el negocio. Es altamente recomendable organizar un diario de viajes, registros de viaje y registros de gastos de representación que usted pueda llevar consigo. Es mucho más fácil llevar la cuenta de los mismos en el momento en que se producen que tratar de recordarlos y encontrar los recibos posteriormente. Además, guarde todos sus recibos. Puede leer más acerca de "Gastos de viaje y representación" en Estados Unidos en la Publicación #334 del IRS, *Tax Guide for Small Business*. También hay disponibles publicaciones individuales del IRS que contienen información más detallada. Véanse las páginas 157 a 159.

8. **Registros de nóminas:** las autoridades fiscales tienen reglas estrictas en cuanto a retención e impuestos de nómina, y a su declaración. No es fácil llevar los registros de nómina, incluso con un programa de software para nóminas. Deje estos registros en manos de un experto en im-

puestos capacitado. Se le informará de los cheques que deba expedir y éstos se asentarán en el Diario de Ingresos y Gastos. El contador profesional se encargará de hacer a su nombre todas las declaraciones de impuestos.

9. **Chequera de la empresa:** su chequera no es sólo el medio que utiliza para pagar sus cuentas; también sirve como registro de la persona a quien se pagó, cuánto se pagó y qué se adquirió. Los depósitos se registran y siempre se tiene a la mano un saldo del efectivo disponible. Es mejor utilizar una chequera de escritorio con espacio abundante para asentar información. Concilie siempre su chequera con el estado de cuenta mensual que el banco le envía y asiente todos los cargos por servicios, adquisiciones de cheques e intereses ganados. La información de su chequera se transferirá posteriormente.

10. **Registros de clientes (o bases de datos)**: estos registros se llevan como un medio para ayudar al negocio a tratar con más eficiencia con sus clientes. El tipo que usted lleve es puramente subjetivo. Es práctica común establecer archivos de bases de datos empleando software como *Access* de Microsoft, *Q&A*, *Paradox*, o cualquiera de las variedades que se ofrecen en la actualidad. Todas ellas le permiten adaptar a la medida campos de información a los que puede tener acceso oprimiendo una tecla, y son capaces de generar listas de correos con objetivos definidos, información de ventas, datos demográficos, etc. Sin embargo, no olvide que lo que sale sólo es tan válido como lo que entra. Otro ejemplo de archivos de clientes podría ser un conjunto de tarjetas de 3 x 5 pulgadas (in), una para cada cliente, con información especializada como nombre, dirección, teléfono, servicios prestados, compras

hechas y cualquier otro dato que le ayude a servirlo mejor. Los registros de clientes son especialmente eficaces en las industrias de servicios o en pequeños negocios que se ocupan de ventas de especialidad al menudeo.

Estados financieros

Los estados financieros se elaboian a partir de los registros generales analizados en las páginas anteriores y se emplean para proporcionar información destinada a la elaboración de declaraciones de impuestos. Algo más importante aún es que el uso de estos estados financieros le puede ayudar a apreciar las condiciones financieras de su negocio e identificar sus fortalezas y debilidades relativas. El propietario de negocio que se toma el tiempo para entender y evaluar su operación a través de estados financieros llevará mucha ventaja a aquel que se interesa sólo por el producto o servicio.

Ahora presentaremos dos de los principales estados financieros de cualquier negocio: el Balance General y el Estado de Pérdidas y Ganancias.

1. **Balance General**: el balance general es un estado financiero que muestra el estado del negocio en una fecha determinada. Es mejor hacerlo al final de cada periodo contable.* Los balances de cierre tomados de sus registros generales le aportan la información necesaria.

El balance general se puede comparar con una fotografía instantánea, pues es la imagen de la condición financiera de su compañía en un momento determinado y muestra si su posición fi-

* *Si emplea software de contabilidad, se puede generar fácilmente un balance general al cierre del periodo contable.*

nanciera es fuerte o débil. Su estudio le permitirá analizar su negocio y poner en práctica modificaciones oportunas.

Un balance general enumera los activos de un negocio, sus pasivos y su valor actual (capital contable). Los activos son todo lo que pertenece a su empresa y que tiene valor monetario (efectivo, inventario, activos fijos, etc.). Los pasivos son los adeudos del negocio a sus acreedores. El valor actual (o capital propio) representa las utilidades y pérdidas acumuladas de la compañía más o menos cualquier depósito o retiro de capital. La relación entre activos, pasivos y capital contable se puede ver en la conocida fórmula contable siguiente:

Activos – Pasivos = Capital contable

Si un negocio posee más activos de lo que adeuda a sus acreedores (pasivos), entonces su capital contable es positivo. Si el negocio adeuda más de lo que posee, su capital contable es negativo. (Véase el ejemplo en la página 160.)

2. **Estado de Pérdidas y Ganancias (estado de ingresos)**: este estado financiero muestra la actividad financiera de su negocio a lo largo de un periodo específico. A diferencia del balance general, un estado de pérdidas y ganancias se puede comparar con una imagen en movimiento, pues muestra de dónde vino su dinero y dónde se gastó a lo largo de un periodo determinado. Usted podrá identificar debilidades en la operación de su negocio y pensar en formas de llevar su negocio con más eficiencia, con el propósito de aumentar sus utilidades.

Al cierre de cada mes, se debe elaborar un estado de pérdidas y ganancias transfiriendo a las columnas correspondientes los totales de su diario de ingresos y gastos. Al final de diciembre (o de su año fiscal) usted dispondrá de una imagen clara de sus ingresos y gastos para el periodo de 12 meses.*

La comparación de estados de pérdidas y ganancias de varios años pondrá de manifiesto tendencias de su negocio, como periodos de ingresos altos, momentos en que la publicidad es eficaz, aumentos o disminuciones en los márgenes de utilidad y mucha información valiosa adicional. No subestime el valor de esta importante herramienta.

Así como existe un formato aceptado para el balance general, un estado de pérdidas y ganancias debe contener ciertas categorías dispuestas en un orden específico. Véase el ejemplo en la página 161.

El software de contabilidad también está proyectado para generar estados de pérdidas y ganancias mensuales y anuales para su negocio.

Programa general de conservación de registros

La conservación de registros tiene un orden específico. Se debe hacer de manera oportuna para que los registros sean eficaces. Puesto que las dos metas de los registros son la recuperación de información fiscal y el análisis de la información para la planificación interna, su programa tendrá que tener en cuenta estos dos objetivos. Las tareas se enumeran de acuerdo con la frecuencia: diarias, semanales, mensuales y de final de año. Los programas para presentar información fiscal no se incluyen; se pueden encontrar en la Publicación #334 del IRS, *Tax Guide for Small Business.*

Publicaciones gratuitas del IRS

En los Estados Unidos, el Internal Revenue Service ofrece un buen número de publicaciones gratuitas que le serán de utilidad como propietario de un pequeño negocio. Solicite información sobre las publicaciones llamando gratuitamente al IRS al 1-800-TAX-FORM (1-800-829-3276). Es recomendable dar inicio a su archivo de publicaciones fiscales solicitando la #334, *Tax Guide for Small Business*, pues aporta una perspectiva general completa de casi todos los temas fiscales. Otras publicaciones se ocupan de información más específica relacionada con temas individuales como: El uso de su automóvil en el negocio, Estructura legal y la de Depreciación. Si se suscribe a un servicio en línea, el IRS le ofrece la posibilidad de descargar archivos para impresión electrónica de formas fiscales vigentes, instrucciones y publicaciones de información al contribuyente. Se puede hacer contacto con el IRS en FedWorld en su página de la World Wide Web: http://www.ustreas.gov.

Nota: el programa de conservación de registros generales de la página siguiente le ayudará a organizar su trabajo de teneduría de libros. Le sugerimos obtener una copia del mismo y guardarla con sus registros. Servirá como guía básica para quien carezca de experiencia en llevar registros.

Programa de conservación de registros generales

(Téngalo en un lugar visible para su comodidad)

Diariamente
1. Revise el correo y clasifíquelo de acuerdo con la acción requerida.
2. Desempaque y ordene en anaqueles el inventario recibido.
3. Asiente información de inventario.
4. Pague las facturas necesarias para cumplir con límites para descuento.

Semanalmente

1. Elabore el depósito de ingresos.
2. Asiente depósito en chequera y en el Diario de Ingresos y Gastos.
3. Asiente información de ventas en el Registro de Inventarios.
4. Asiente transacciones con cheque de la semana en el Diario de Ingresos y Gastos.
5. Asiente las compras de caja chica en el Registro de Caja Chica. Archive recibos.
6. Pague facturas pendientes (tome en cuenta fechas de descuento). Archive facturas.
7. Asiente otras adquisiciones (como activos fijos) en los registros apropiados.

Mensualmente

1. Balancee chequera y concíliela con el estado de cuenta del banco.
2. Asiente el interés ganado y los cargos bancarios en el Diario de Ingresos y Gastos y en la chequera.
3. Calcule totales y balancee todas las columnas del Diario de Ingresos y Gastos.
4. Revise Cuentas por Cobrar y envíe estados de cuenta.
5. Elabore el Estado de Pérdidas y Ganancias y el Balance General mensuales.

Fin de año

1. Pague todas las facturas, impuestos sobre la venta y otros gastos que desee aplicar como deducciones para el presente año.
2. Transfiera los totales de 12 meses del Diario de Ingresos y Gastos al Estado de Pérdidas y Ganancias.
3. Calcule los totales de las columnas horizontales del Estado de Pérdidas y Ganancias para obtener los totales anuales de cada categoría.
4. Elabore un Balance General de fin de año.
5. Usando el Estado de Pérdidas y Ganancias para 12 meses, elabore un Estado de Flujo de Caja para el año entrante.
6. Establezca registros nuevos para el año entrante.

Artículos Deportivos As
Diario de Ingresos y Gastos

Julio de 1998, página 2

CHEQUE NÚM.	FECHA	TRANSACCIÓN	INGRESO	GASTO	VENTAS	IMPUESTO S. VENTAS	SERVICIOS	INV. ADQ.	PUBLI- CIDAD	FLETE	SUMIN. OFIC.	DIV.
		Saldo anterior	1,826|00	835|00	1,218|00	98|00	510|00	295|00	245|00	150|00	83|50	61|50
234	7/13	J.J. Publicidad		450|00					450|00			
235	7/13	Productos T y E		380|00				380|00				
236	7/16	Papelería Regal		92|50							92|50	
***	7/17	Depósito:	1,232|00									
		1. Ventas (Gravable)			400|00	32|00						
		2. Ventas (O.S.)			165|00	O.S.						
		3. Ventas (Reventa)			370|00	Reventa						
		4. Servicios					265|00					
												(cgo. banco)
BANCO O.K.	7/19	Cargos bancarios		23|40								23|40
												c/chica
237	7/19	Depósito p/caja chica		100|00								100|00
		TOTALES	3,058|00	1,880|90	2,153|00	130|00	775|00	675|00	695|00	150|00	176|00	184|90

Artículos Deportivos As
Registro de Caja Chica

CAJA CHICA - 1998					Página 6	
FECHA	PAGADO A	CARGADO A CTA. DE GASTOS DE	DEPÓSITO	CANTIDAD GASTADA	SALDO	
	SALDO ANTERIOR ———				10	00
Jul. 19	**Depósito (Ch. 237)		100 00		110	00
20	Ferretería Ace	Mantenimiento		12 36	97	64
23	Papelería Regal	Suministros de oficina		20 00	77	64
23	Correos	Franqueo		19 80	57	84
31	La Casa del Filete	Comidas		63 75	(5	91)
Ago. 1	** Depósito (Ch. 267)		100 00		94	09

Hacia el final del año, puede dejar que la cuenta de Caja Chica tenga un saldo negativo. El 31 de diciembre se expide un cheque por el saldo y la cuenta se pone en ceros.

La cantidad de efectivo gastada durante el año será exactamente igual a la cantidad depositada en la Cuenta de Caja Chica a través de la cuenta de cheques.

NOTA: 1. Guarde todos los recibos de compras en efectivo.
2. Intercambie el recibo por efectivo de la caja chica.
3. Use recibos para registrar gastos en la forma de caja chica.
4. Archive los recibos. Puede necesitarlos para verificación.
5. Asegúrese de asentar los depósitos de caja chica.

Registro de Inventarios de Artículos Deportivos As

Existencias no identificables

DEPARTAMENTO/CATEGORÍA: Gorras y prendas para la cabeza

FECHA DE PRODUCCIÓN O DE COMPRA	INVENTARIO ADQUIRIDO O FABRICADO		NÚMERO DE UNIDADES	COSTO UNITARIO		VALOR EN FECHA DE INVENTARIO (Costo unitario X unidades disponibles)	
	Existencia #	Descripción				Valor	Fecha
2/05/96	07-43	Cintas tejidas para el pelo	5,000	2	50	0	1/98
3/25/96	19-12	Caretas	3,000	5	12	450.80	1/98
9/14/96	19-10	Comb. gorra y careta	1,200	7	00	3,514.00	1/98
4/18/97	19-09	Gorras, varios colores	10,500	4	00	5,440.00	1/98
8/31/97	19-07	Gortex (c/pico)	10,000	8	41	50,460.00	1/98
INICIA 1998							
2/01/98	19-12	Caretas	2,500	4	80		
2/28/98	19-09	Gorras, varios colores	10,300	4	00		

NOTA: 1. Este registro se usa para el inventario de artículos similares que se compran o fabrican a granel. Es buena idea dividir los registros por departamento, categoría o fabricante.

2. Haga el inventario de estos artículos por conteo físico o por registros de computadora. Se requiere un inventario físico al cierre del año fiscal.

3. El inventario se valúa de acuerdo con reglas que son aplicables para **FIFO** o **LIFO**. Lea cuidadosamente la información de su guía fiscal antes de determinar el valor de inventario. El método seleccionado debe usarse de forma congruente.

Registro de Inventarios de Artículos Deportivos As

Existencias identificables

MAYORISTA: Diseños Álvarez   Página 1

FECHA COMPRA	INVENTARIO ADQUIRIDO		PRECIO DE COMPRA	FECHA DE VENTA	PRECIO DE VENTA	NOMBRE DEL COMPRADOR (opcional)
	Existencia #	Descripción				
1/16/98	Azul M	Diseño p/golf	16 00	2/24/98	32 00	J. Páez
1/23/98	Rojo S (Ch)	Camisetas p/tenis	12 00			
	Rojo M	Camiseta p/béisbol	12 00			
	Azul L (G)	Camiseta p/fútbol	12 00	2/07/98	24 00	S. Uribe
2/16/98	Bco. L (G)	Camiseta p/golf	14 00	3/01/98	26 00	C. Larios
3/16/98	Bco. M	Camiseta p/fútbol	14 00			
3/16/98	Gr L(G)	Camiseta p/tenis	14 00			
	Gr M	Camiseta p/básquetbol	14 00			

NOTA: 1. Use este registro para llevar la cuenta de mercancía identificable adquirida para reventa. Si su inventario es muy grande, puede ser necesario utilizar algún tipo de sistema de inventario de **Punto de venta**.

2. Cada página debe ocuparse ya sea de (1) compras pertenecientes a una categoría o (2) mercancía adquirida de un mayorista.

3. Use el nombre del mayorista o de la categoría de la compra como encabezado.

Artículos Deportivos As

Registro de Activos Fijos

NOMBRE DE LA COMPAÑÍA: Artículos Deportivos As

ACTIVO ADQUIRIDO	FECHA DE PUESTA EN SERVICIO	COSTO DEL ACTIVO	% USADO PARA EL NEGOCIO	PERIODO DE RECUPERACIÓN	MÉTODO DE DEPRECIACIÓN	DEPRECIACIÓN PREVIAMENTE DESCONTADA	FECHA DE VENTA	PRECIO DE VENTA
Vag. Dodge 1992	1/08/93	18,700|00	80%	5 años	200% DB	15,469|00	9/12/97	8,500|00
Computadora IBM	7/15/94	6,450|00	100%	5 años	200% DB	3,620|00		
Copiadora Ricoh	12/29/94	3,000|00	100%	5 años	S/L DB	1,469|00		
Escaladora	6/17/97	4,500|00	100%	15 años	150% DB	—		
Vag. Dodge 1997	8/05/97	21,000|00	80%	5 años	200% DB	—		
ProString p/tenis	3/15/98	1,500|00	100%	7 años	200% DB	—		

NOTA: En la Publicación 334 del IRS (Rev. Nov. 1995) *Tax Guide for Small Business* (capítulos 12 y 23) encontrará más información sobre depreciación. Véanse también las Publicaciones 534, 544 y 551.

Artículos Deportivos As

Cuentas por Pagar
Registro de cuentas

ACREEDOR: Talleres Johnson
DIRECCIÓN: 7222 Main Street
             Johnson NV 26401
TEL.:   (800) 555-7201   CUENTA NÚM. 2012

FECHA DE FACTURA	FACTURA NÚM.	CANTIDAD FACTURADA		CONDICIONES	FECHA DE PAGO	CANTIDAD PAGADA		SALDO DE FACTURAS	
2/16/98	264	600	00	Neto 30	3/07/98	600	00	0	00
3/16/98	326	300	00	Neto 30	4/15/98	300	00	0	00
6/20/98	417	1,200	00	N30/2%10	6/26/98	1,176	00	0	00
8/26/98	816	2,000	00	N30/2%10	8/01/97	500	00	1,500	00

Artículos Deportivos As

Cuentas por Cobrar
Registro de cuentas

CLIENTE: Martin's Team Shoppe
DIRECCIÓN: 222 Stevens Road
            Winnemucca, NV 89502
TEL.:   (702) 864-2222   CUENTA NÚM. 1024

FECHA DE FACTURA	FACTURA NÚM.	CANTIDAD FACTURADA		CONDICIONES	FECHA DE PAGO	CANTIDAD PAGADA		SALDO DE FACTURAS	
3/16/98	3621	240	00	Neto 30	4/12/98	240	00	0	00
4/19/98	5400	316	00	Neto 30	4/30/98	316	00	0	00
5/20/98	6172	525	00	N30/2%10	5/26/98	514	50	0	00
6/16/98	7511	800	00	N30/2%10	7/14/98	250	00	550	00
7/12/98	7633	386	00	N30/2%10				386	00

Artículos Deportivos As

Registro de millaje

NOMBRE: Artículos Deportivos As (Juan Carrasco)
FECHAS: **Del** 1° de julio   **Al** 31 de julio de 1998

FECHA	CIUDAD DESTINO	NOMBRE U OTRA DESIGNACIÓN	PROPÓSITO DE NEGOCIOS	MILLAS RECORRIDAS
7-01	San Diego, CA	Centro de Convenciones	Exposición Deportiva de California	187 mi.
7-03	Cypress, CA	Compañía Impresora S.A.	Pedido de folletos	13 mi.
7-04	Long Beach, CA	Secundaria G. Larios	Entrega de uniformes	53 mi.
7-07	Fullerton, CA	Banco de América	Reunión p/crédito	17 mi.
7-17	Los Ángeles, CA	Mora S.A.	Negociar compra de inventario	96 mi.
7-23	Los Ángeles, CA	IDT	Consulta	113 mi.
		RECORRIDO TOTAL EN ESTA HOJA		479

NOTA: 1. El IRS requiere un registro de recorrido para reclamar una deducción por millas recorridas. También se usa para determinar el porcentaje de uso de un auto para el negocio.
2. Conserve su registro de millaje en su vehículo y anote la distancia tan pronto la recorra. Es muy difícil recordarla posteriormente.

Artículos Deportivos As

Registro de Gastos de Representación

NOMBRE: Juan Carrasco
FECHAS: Del   7-01-98   Al   7-31-98

FECHA	LUGAR DE ATENCIÓN	PRÓPOSITO DE NEGOCIOS	NOMBRE DE LA PERSONA ATENDIDA	CANTIDAD GASTADA	
7-01	Club 410	Venta de línea de uniformes	G. Larios	46	32
7-03	El Chef Marisquero	Consulta con abogado	Tomás Mora	23	50
7-04	El Club del Cañón	Comida para el personal	Empleados de la compañía	384	00

NOTA: Para información adicional sobre comidas y gastos de representación, consulte la Publicación 463 del IRS, *Travel, Entertainment and Gift Expenses.*

Registro de Viajes de Artículos Deportivos As

VIAJE A: Dallas, Texas

Fechas: Del: 7-11-98   Al: 7-16-98

Propósito de negocios: Exposición de Tecnología Deportiva (expositor)

Núm. de días del viaje de negocios: 6

FECHA	LUGAR	GASTO PAGADO A	COMIDAS				Hotel	Taxis, etc.	AUTOMÓVIL			GTOS. DIV.
			Desayuno	Comida	Cena	Div.			Gasolina	Estacio-namiento	Peajes	
7-11	Phoenix, AZ	Mobil Gas				6 40			21 00			
7-11	Phoenix, AZ	Posada del Arbol		12 50								
7-11	Chola, NM	Exxon							23 50			
7-11	Las Cruces, NM	Holiday Inn			27 00		49 00					
7-12	Las Cruces, NM	Exxon							19 00			
7-12	Tait, TX	Café de Mari		16 25								
7-12	Dallas, TX	Holiday Inn			18 75		54 00					
7-13	Dallas, Tx	Centro de Exposiciones								8 00		
7-13	Dallas, TX	Comedor de Homero		21 00								
7-13	Dallas, TX	Holiday Inn			24 50		54 00					
7-14	Dallas, TX	Holiday Inn	9 50									
7-14	Dallas, TX	Centro de Exposiciones		14 00						8 00		
7-14	Dallas, TX	Holiday Inn			16 20		54 00					(FAX) 9 00
7-15	Pokie, TX	Texaco							21 00			
7-15	Pokie, TX	Denny's		18 50								
7-15	Chola, NM	Holiday Inn			27 00		48 00					
7-16	Chola, NM	Holiday Inn	12 75									
7-16	Flagstaff, AZ	Texaco							22 00			
		TOTALES	22 25	83 25	113 45	6 40	259 00		106 50	16 00		9 00

Anexe todos los recibos de comidas, hoteles, pasajes, automóvil, representación, etc. Los detalles de sus gastos se pueden anotar en los recibos. Archive su registro de viaje y sus recibos en el mismo sobre. Rotule éste con los datos del viaje. Archive juntos todos los registros de viaje. Cuando asigne los gastos, asegúrese de no duplicar ninguno. (Por ejemplo, la gasolina no se puede deducir si decide usar el millaje como base para deducir sus gastos de automóvil.)

Balance General

Nombre de la empresa: Artículos Deportivos As
Fecha: 30 de septiembre de 1998

ACTIVOS		PASIVOS	
Activo circulante		**Pasivo circulante**	
Caja	$ 8,742	Cuentas por pagar	$ 2,893
Caja chica	$ 167	Documentos por pagar	$ 0
Cuentas por cobrar	$ 5,400	Intereses por pagar	$ 1,842
Inventario	$ 101,800		
Inversiones a corto plazo	$ 0	Impuestos por pagar	
Gastos pagados por anticipado	$ 1,967	Impuesto Federal	
		Sobre la Renta	$ 5,200
		Impuesto al Autoempleo	$ 1,025
Inversiones a largo plazo	$ 0	Impuesto Estatal	
		Sobre la Renta	$ 800
Activos fijos		Acumulación del	
Terreno (valuado al costo)	$ 185,000	Impuesto S/Ventas	$ 2,130
		Impuesto predial	$ 0
Construcciones	$ 143,000	Acumulación de nóminas	$ 4,700
1. Costo 171,600			
2. Menos depr. acum. 28,600		**Pasivo a largo plazo**	
		Documentos por pagar	$ 196,700
Mejoras	$ 0		
1. Costo		**PASIVOS TOTALES**	$ 215,290
2. Menos depr. acum.			
		VALOR NETO (CAPITAL CONTABLE)	
Equipo	$ 5,760		
1. Costo 7,200		**Propiedad**	$
2. Menos depr. acum. 1,440		o	
		Sociedad o asociación	
Muebles	$ 2,150	Juan Pérez, 60% de la propiedad	$ 153,077
1. Costo 2,150		María Benítez, 40%	
2. Menos depr. acum. 0		de la propiedad	$ 102,051
		o	
Autos/vehículos	$ 16,432	**Sociedad anónima**	
1. Costo 19,700		Capital social	$
2. Menos depr. acum. 3,268		Superávit pagado en	$
		Ganancias retenidas	$
Otros activos		**CAPITAL CONTABLE TOTAL**	$ 255,128
1.	$		
2.	$	*Activos – Pasivos = Capital contable*	
		y	
ACTIVOS TOTALES	$ 470,418	*Pasivos + Capital contable = Activos totales*	

Estado de Pérdidas y Ganancias (de Ingresos)

Artículos Deportivos As

Inicia: 1º de enero de 1998   Termina: 31 de diciembre de 1998

INGRESOS		
1. Ingresos por ventas		**$ 500,000**
2. Costo de la mercancía vendida (c-d)		**312,000**
a. Inventario inicial (1/01)	147,000	
b. Compras	320,000	
c. C.M. disp. p/venta (a+b)	467,000	
d. Menos inventario final (12/31)	155,000	
3. Utilidad bruta sobre ventas (1-2)		**$ 188,000**
GASTOS		
1. Variables (de venta) (a hasta h)		**67,390**
a. Publicidad/marketing	14,000	
b. Organización de eventos	9,000	
c. Fletes	2,000	
d. Salarios/comisiones de venta	33,000	
e. Viajes	3,000	
f. Vehículo	1,650	
g. Gastos variables div. (de venta)	390	
h. Depreciación (activos de prod./serv.)	4,350	
2. Fijos (administrativos) (a hasta h)		**51,610**
a. Administración financiera	1,000	
b. Seguros	3,800	
c. Licencias y permisos	2,710	
d. Salarios de oficina	14,000	
e. Gastos de alquiler	22,500	
f. Servicios	3,000	
g. Gastos fijos div. (administrativos)	0	
h. Depreciación (equipo de oficina)	4,600	
Total de gastos de operación (1+2)		**119,000**
Ingreso neto de las operaciones (UN-Gtos)		**$ 69,000**
Otros ingresos (ingresos por intereses)		5,000
Otros gastos (gastos por intereses)		7,000
Utilidad (pérdida) neta antes de impuestos		**$ 67,000**
Impuestos		
a. Federales	21,000	
b. Estatales	4,500	
c. Locales	500	**$ 26,000**
UTILIDAD (PÉRDIDA) NETA DESPUÉS DE IMPUESTOS		**$ 41,000**

MANEJA EL FLUJO
DE CAJA

Es un hecho que una tercera parte o más de los negocios actuales fracasan debido a una falta de flujo de caja (*cash flow*). ¿Qué es el flujo de caja? ¿Cómo planificar para asegurar las posibilidades de éxito? El propósito de este paso es presentar el concepto de "flujo de caja" y mostrar cómo una planificación cuidadosa puede contribuir a evitar un desastre en el negocio.

¿Qué es un Estado de Flujo de Caja?

El Estado de Flujo de Caja Proforma es el documento financiero que **proyecta** el significado del plan de negocios en términos de dinero. Un estado de flujo de caja es lo mismo que un presupuesto; es un estado proforma (o proyectado) que se usa para planificación interna y estima cuánto dinero entrará al negocio y saldrá de él durante un periodo establecido, por lo común el año fiscal entrante. La utilidad al final del año dependerá de un equilibrio apropiado entre la entrada y la salida de efectivo.

El **Estado de Flujo de Caja** identifica cuándo se espera recibir efectivo y cuándo se debe gastar para pagar cuentas y deudas. También ayuda al gerente a identificar de dónde tendrá que venir el efectivo necesario.

Este documento se ocupa sólo de **transacciones reales en efectivo** y no de la depreciación y amortización de crédito mercantil u otros incisos de gastos que no son en efectivo. Los gastos se pagan con base en efectivo disponible, venta de activos, ingresos provenientes de ventas y servicios, intereses ganados sobre inversiones, dinero obtenido a crédito de un prestamista y la entrada de capital a cambio de participación en la compañía. Si su negocio requiere $100,000 para pagar sus gastos y $50,000 para sostener a los propietarios, se necesitará la entrada de al menos una cantidad igual de dinero al negocio tan sólo para mantener las cosas como están. Una cantidad inferior conducirá tarde o temprano a la incapacidad para pagar a los acreedores o a usted mismo.

En el diccionario se define al flujo de caja como "el patrón de ingresos y gastos de una compañía, gobierno, etc. que da por resultado la disponibilidad o no disponibilidad de efectivo". La disponibilidad o no disponibilidad de efectivo **cuando** se necesita para gastos nos lleva al meollo del asunto. Mediante una planificación cuidadosa, se debe tratar de proyectar no sólo **cuánto** efectivo tendrá que fluir hacia el negocio y fuera de él, sino **cuándo** será necesario que entre y salga. Un negocio puede estar en condiciones de planificar ingresos brutos que cubran sus necesidades. Sin embargo, si esas ventas no se llevan a cabo a tiempo para pagar los gastos, la empresa pronto pasará a la historia a menos que se planifiquen otras fuentes de efectivo para sacarla adelante hasta que los ingresos se tornen realidad. La industria editorial es un buen ejemplo de un negocio que tiene fuertes demandas de efectivo hasta seis o nueve meses antes de recibir algún ingreso como resultado de esos gastos. Si un editor no puede pagar al impresor, no habrá libros para vender. El impresor no fabricará el producto terminado con base en la promesa de que se le pagará nueve meses después cuando las ventas se completen y se reciba el pago de las facturas. Para que el negocio siga su marcha, el editor debe hacer planes para disponer de fuentes de efectivo que le permitan llevar el negocio adelante hasta que reciba los ingresos.

Hojas de trabajo para planificación

Puesto que el estado de flujo de caja se ocupa de la entrada y la salida de efectivo, la primera etapa de la planificación se puede verificar mejor elaborando dos hojas de trabajo.

1. **Efectivo que se debe pagar**: el dinero que saldrá del negocio. Véanse las páginas 166 a 168.

   Esta hoja de trabajo documenta el efectivo que sale del negocio, e identifica categorías de gastos y obligaciones así como la cantidad proyectada de efectivo que se necesitará en cada categoría. Le conviene atacar esta tarea compilando varios presupuestos individuales (compra de inventario, gastos directos, gastos administrativos y retiros del propietario).

   No siempre es fácil estimar estos gastos. Si su negocio es nuevo, será necesario llevar a cabo una investigación de mercado intensiva. Si tiene un negocio ya establecido, tendrá que combinar información de estados financieros anteriores con las tendencias de su industria en particular.

2. **Fuentes de efectivo**: el dinero que entrará al negocio. Véase la hoja de trabajo de las páginas 169 y 170.

Use esta hoja de trabajo para documentar el efectivo que fluye hacia el negocio; le ayudará a estimar cuánto efectivo estará disponible y las fuentes de las que habrá de provenir. Para completar esta hoja de trabajo, tendrá que examinar el efectivo disponible, los ingresos proyectados, los activos que se pueden liquidar, los posibles prestamistas o inversionistas y el capital líquido del propietario que se aportará. Esta hoja de trabajo le obligará a examinar todas las posibilidades existentes para aumentar el efectivo disponible.

En las cuatro páginas siguientes se presentan ejemplos de las dos hojas de trabajo junto con información complementaria que explica cada una de las categorías utilizadas. Las hojas contienen datos correspondientes a nuestra compañía ficticia, **Artículos Deportivos As**, para ayudarle a entender el proceso. **Por favor advierta** que la Hoja de Trabajo de Efectivo por Pagar muestra una necesidad de $131,000. Al proyectar las Fuentes de Efectivo fue necesario dar cuenta de $131,000 sin las ventas proyectadas porque no se espera recibir el pago correspondiente antes de noviembre y diciembre (demasiado tarde para las necesidades de efectivo de enero a octubre). El año próximo, esos ingresos se reflejarán en forma de efectivo disponible u otros activos suceptibles de venderse.

Cuando elabore sus propias hojas de trabajo:

- Procure ser tan realista como sea posible. *No exagere los ingresos ni subestime los gastos*; esto es un error de consecuencias fatales que se suele cometer durante el proceso de planificación.

- Asegúrese de calcular todas sus estimaciones de ambas hojas de trabajo para el mismo periodo (por ejemplo, anuales, trimestrales, mensuales).

Hoja de trabajo de efectivo por pagar

Explicación de las categorías

1. Costos de arranque
Son los costos en los que usted incurre para echar a andar su negocio. Por lo general se trata de gastos que se hacen una sola vez y se capitalizan para fines fiscales.

2. Compra de inventario
El efectivo que se va a gastar durante el periodo en artículos destinados a la venta. Si usted adquiere productos manufacturados, esto incluye el desembolso de efectivo para esas compras. Si usted es el fabricante, incluya la mano de obra y los materiales para las unidades que se van a producir.

3. Gastos variables (gastos de venta o directos)
Son los costos de todos los gastos que se relacionan directamente con su producto o servicio (distintos de los costos de manufactura o del precio de compra de inventario).

4. Gastos fijos (gastos administrativos o indirectos)
Incluya todos los costos esperados de los gastos generales de oficina. Si es necesario pagar ciertas cuentas por adelantado, incluya el desembolso total de efectivo, aunque el periodo cubierto abarque hasta el año siguiente.

5. Activos (compras de largo plazo)
Son los bienes de capital que se van a depreciar a lo largo de varios años (terreno, construcciones, vehículos, equipo). Determine cómo piensa pagar por ellos e incluya todo el efectivo que se pagará en el periodo actual. *Nota*: el terreno es el único activo que no se deprecia y se anota al costo.

Hoja de trabajo de efectivo por pagar
(continuación)

6. Pasivos
¿Cuáles son los pagos que espera tener que hacer para redimir deudas o préstamos? ¿Tiene cuentas por pagar al iniciar el nuevo año? Determine el desembolso de efectivo necesario para los pagos del año en curso. Si tiene un préstamo de automóvil por $20,000 y paga $500 al mes durante 12 meses, tendrá un desembolso de efectivo de $6,000 para el año entrante.

7. Capital contable
Este inciso suele pasarse por alto al planear el flujo de caja. Si usted, como propietario del negocio, necesita retirar $2,000 al mes para vivir de eso, debe hacer planes para un flujo de caja de $24,000 que salgan del negocio. Si no considera esto en sus planes, el resultado será una escasez de flujo de caja que puede ocasionar el fracaso de su negocio.

Nota: Asegúrese de emplear el mismo periodo en toda la hoja de trabajo.

* Las categorías de gastos variables y fijos deben ser determinadas por usted *

Todo negocio tiene gastos que son específicos de su industria, y usted tendrá que adaptar las categorías de gastos variables y fijos a su negocio. Como punto de partida sugerimos algunas en nuestros ejemplos. Escriba sus propios encabezados en las hojas de cálculo de trabajo. A medida que comience a llevar su negocio, podrá determinar mejor cuáles son sus verdaderos gastos. Podrá hacer cambios más adelante si sus categorías actuales no satisfacen sus necesidades.

Hoja de trabajo de efectivo por pagar

(Efectivo que sale del negocio)

Nombre del negocio: Artículos Deportivos As

Periodo que cubre: Ene. 1 a Dic. 31, 1998

1. COSTOS DE ARRANQUE		1,450
Licencia de negocio	30	
Registro de la sociedad anónima	500	
Honorarios jurídicos	920	
Otros costos de arranque:		
a.		
b.		
c.		
d.		
2. COMPRAS PARA INVENTARIO		
Salida de efectivo para mercancía destinada a reventa		32,000
3. GASTOS VARIABLES (DE VENTA)		
Publicidad/marketing	6,000	
Organización de eventos	2,500	
Fletes	800	
Salarios/comisiones de venta	14,000	
Viajes	2,000	
Vehículo	1,550	
Diversos	300	
GASTOS TOTALES DE VENTA		27,150
4. GASTOS FIJOS (ADMÓN.)		
Administración financiera	1,800	
Seguros	900	
Licencias y permisos	100	
Salarios de oficina	16,300	
Gastos de alquiler	8,600	
Servicios públicos	2,400	
Diversos	400	
GASTOS ADMINISTRATIVOS TOTALES		30,500
5. ACTIVOS (COMPRAS A LARGO PLAZO)		6,000
Efectivo por pagar en el periodo actual		
6. PASIVOS		
Desembolso de efectivo para redimir deudas, préstamos o cuentas por pagar		9,900
7. CAPITAL CONTABLE		
Efectivo que retirará el propietario		24,000
EFECTIVO TOTAL POR PAGAR		$131,000

Hoja de trabajo de fuentes de efectivo

Explicación de las categorías

1. Efectivo disponible
El dinero que está disponible. No olvide incluir la caja chica y el dinero todavía no depositado.

2. Ventas (ingresos)
Esto incluye los ingresos proyectados derivados de la venta del producto o servicio. Si no espera el pago correspondiente durante el periodo que cubre esta hoja de trabajo, no incluya esa parte de sus ventas. Piense en los tiempos proyectados de las ventas. Si los ingresos se van a demorar más allá del momento en que se necesita una cantidad grande de efectivo, haga una nota a ese efecto y tome esto en consideración cuando determine la necesidad de financiamiento temporal. Incluya los depósitos que requiere por las ventas o servicios esperados. Para calcular la cobranza en el renglón de Cuentas por Cobrar, tendrá que proyectar el porcentaje de facturas que se perderán por deudas incobrables y restar esa cantidad del total de Cuentas por Cobrar.

3. Ingresos diversos
¿Tiene usted, o va a tener, algún dinero dado a crédito o depositado en cuentas que le darán un ingreso por intereses durante el periodo en cuestión?

4. Venta de activos de largo plazo
Si espera vender algunos de sus activos fijos, como terreno, construcciones, vehículos, maquinaria, equipo, etc., asegúrese de incluir sólo el efectivo que va a recibir durante el periodo actual.

Importante: en este punto de su hoja de trabajo, sume todas las fuentes de efectivo. Si no dispone de una cantidad igual a sus necesidades proyectadas, tendrá que hacer planes para contar con fuentes de efectivo como las descritas en los incisos 5 y 6.

5. Pasivos
Esta cifra representa la cantidad que podrá pedir prestada a instituciones crediticias como bancos, compañías financieras y la SBA. Sea razonable respecto a lo que piensa que puede pedir prestado. Si no tiene garantía colateral, si carece de un plan de negocios o tiene un historial financiero malo, le será difícil, si no es que imposible, encontrar quien le otorgue un crédito. Esta fuente de efectivo exige *planificación*.

6. Capital contable
Las fuentes de capital contable se derivan de inversiones del propietario, capital aportado, venta de acciones o capital de riesgo. ¿Prevé usted la disponibilidad de fondos personales? ¿Tiene su negocio el potencial de crecimiento que podría interesar a un capitalista de empresas de riesgo? Asegúrese de ser realista en esta área; no puede vender acciones (o participación) a un inversionista que no existe.

Hoja de trabajo de fuentes de efectivo

(Efectivo que entra al negocio)

Nombre del negocio: Artículos Deportivos As
Periodo que cubre: Del 1° de enero de 1998 al 31 de diciembre de 1998

1. **EFECTIVO DISPONIBLE**	$20,000
2. **VENTAS (INGRESOS)**	
Ingresos por venta de productos*	90,000
*La mayor parte de estos ingresos por ventas no se recibirán hasta el tercer o cuarto trimestre.	
Ingresos por servicios	22,000
Depósitos por ventas o servicios	0
Cobranza de cuentas por cobrar	3,000
3. **INGRESOS DIVERSOS**	
Ingresos por intereses	1,000
Pagos que se recibirán sobre préstamos	0
4. **VENTA DE ACTIVOS DE LARGO PLAZO**	0
5. **PASIVOS**	40,000
Fondos de créditos (por recibirse durante el periodo actual; de bancos, a través de la SBA o de otras instituciones de crédito)	
6. **CAPITAL CONTABLE**	
Inversiones del propietario (Prop. exclusivo/Socios)	10,000
Capital aportado (sociedad anónima)	
Venta de acciones (sociedad anónima)	
Capital de riesgo	35,000

EFECTIVO TOTAL DISPONIBLE	*A. Sin ventas* =	$131,000
	B. Con ventas =	$221,000

Cómo usar las hojas de trabajo para elaborar el estado de flujo de caja

Después de llenar las dos hojas de trabajo, es el momento de utilizar esa información. Usted ha estimado **cuánto efectivo** se necesitará para el año y sabe ya cuáles fuentes están disponibles. En la siguiente fase de la planificación del flujo de caja descompondrá el periodo de un año en segmentos mensuales y predecirá **cuándo** se va a necesitar el efectivo para conseguir que el año financiero fluya sin sobresaltos. Para facilitar la tarea, puede seguir estos pasos:

1. Calcule el costo de las mercancías y los gastos variables y fijos en incrementos mensuales. Casi todos varían. ¿Cuándo piensa adquirir mayor cantidad de inventario? ¿Cuáles meses requieren más publicidad? ¿Espera usted un aumento en el alquiler o en las primas de seguros? ¿Cuándo habrá que pagar comisiones sobre las ventas esperadas?
2. Proyecte las ventas por mes con base en el pago de facturas, la demanda de su producto o servicio en particular, y en la facilidad con la que puede satisfacer esa demanda. No habrá flujo de caja por los pedidos que no se han surtido ni por las facturas que no se han pagado. Si su negocio es de servicio y no tiene más empleados que usted mismo, recuerde que los ingresos se interrumpen cuando está de vacaciones.
3. Determine sus necesidades de activos depreciables. ¿Cuándo los va a necesitar? ¿Por qué cantidad serán los pagos y cuándo se iniciarán?
4. Llene tantos espacios del estado de flujo de caja como pueda usando estas proyecciones y otras que pueda determinar cómodamente. Enseguida proceda conforme a las instrucciones y complete el resto.

Cómo llenar las formas

Para aclarar el proceso de llenado de un estado de flujo de caja, las páginas 173 y 174 se han dedicado a un recorrido del funcionamiento de Artículos Deportivos As a lo largo de enero y parte de febrero.

Las páginas 175 a 178 contienen las instrucciones para elaborar un Estado de Flujo de Caja Proforma y un estado de muestra. También se incluye una forma en blanco en la sección de hojas de trabajo al final del libro, la cual podrá utilizar para hacer su propia proyección.

Recuerde

El Estado de Flujo de Caja Proforma es una de las herramientas financieras más útiles para el propietario de un pequeño negocio; además, es la primera proyección financiera que examina un prestamista o un inversionista porque muestra cuáles son sus planes para salir adelante en el año, reembolsar su préstamo más los intereses y al mismo tiempo mantener el flujo de caja necesario para que el negocio funcione con la máxima rentabilidad.

Artículos Deportivos As

Flujo de caja para enero y febrero de 1997

Proyecciones para enero

1. Artículos Deportivos As proyecta un saldo de caja inicial de $20,000.
2. Ingresos en efectivo: la tienda no ha abierto todavía, así que no habrá ventas. Sin embargo, se proyecta un ingreso de $4,000 en cuentas por cobrar de un local anterior.
3. Los intereses sobre los $20,000 serán de aproximadamente $100 a la tasa vigente.
4. No hay activos de largo plazo para vender. Anote cero.
5. Sumando los puntos 1, 2, 3 y 4, el Efectivo Total Disponible será $24,100.
6. Pagos en efectivo: el pago de inventarios no se tiene que hacer hasta febrero. Sin embargo, se tendrán costos de diseño gráfico por $5,000 para los uniformes del equipo local.
7. Gastos variables (de venta): se estiman en $1,140.
8. Fijos (administrativos): se estiman en $1,215.
9. Gastos en intereses: no hay deudas o préstamos pendientes. Anote cero.
10. Impuestos: no hubo utilidades en el trimestre anterior. No habría impuestos estimados por pagar.
11. Pagos de activos a largo plazo: Artículos Deportivos As planea adquirir equipo de oficina que se pagará totalmente en el momento de la compra. Anote $1,139.
12. Rembolso de créditos: no se han recibido créditos. Anote cero.
13. Retiros del propietario: el propietario necesitará $2,000 para gastos de manutención.
14. Efectivo total pagado: sume los puntos 6 al 13. El total es $10,494.
15. Saldo de caja: reste el Efectivo Pagado del Efectivo Total Disponible (13,606).
16. Créditos que se recibirán: tomando en cuenta los costos de inventario de $30,000 pagaderos en febrero, se prevé un crédito de $40,000 para aumentar el Efectivo Disponible. (¡Esto requiere planificación!)
17. Depósito de capital contable: el propietario planea agregar $5,000 de su cuenta personal.
18. Saldo de caja final: sumando los puntos 15, 16 y 17, el total es $58,606.

Proyecciones para febrero

1. Saldo de caja inicial: el saldo de caja final de enero se transfiere al saldo de caja inicial de febrero. Anote $58,606.
2. Ingresos en efectivo: ingreso por seminario de capacitación de $1,000 más $1,000 que se cobrarán por ventas de inauguración al final del mes. $2,000.
3. Ingresos por intereses: se proyectan alrededor de $120.
4. Venta de activos de largo plazo: ninguna. Anote cero.
5. Efectivo total disponible: sume los puntos 1, 2, 3 y 4. El resultado es $60,726.
6. Pagos en efectivo: $30,000 pagaderos por inventario de tienda. $400 pagaderos por diseño gráfico.
7. Continúe como en enero. No olvide incluir los pagos por el crédito que se recibió en enero.

Artículos Deportivos As

Estado de flujo de caja parcial

	Ene.	Feb.
SALDO DE CAJA INICIAL	20,000	58,606
INGRESOS EN EFECTIVO		
A. Ventas/ingresos	4,000	2,000
B. Documentos por cobrar	0	0
C. Ingresos por intereses	100	120
D. Venta de activos de largo plazo	0	0
EFECTIVO TOTAL DISPONIBLE	24,100	60,726
PAGOS EN EFECTIVO		
A. Costo de mercancía para venta		
1. Compras	0	30,000
2. Material	0	0
3. Mano de obra	5,000	400
Costo total de la mercancía	5,000	30,400
B. Gastos variables (de venta)		
1. Publicidad/marketing	470	
2. Organización de eventos	320	
3. Fletes	0	
4. Salarios/comisiones de venta	0	
5. Viajes	0	
6. Vehículo	285	
7. Gastos diversos de venta	65	
Gastos variables totales	1,140	
C. Gastos fijos (administrativos)		
1. Admón. financiera	80	
2. Seguros	125	
3. Licencia/permisos	200	
4. Salarios de oficina	500	
5. Gastos de alquiler	110	CONTINÚE
6. Servicios públicos	200	como en
7. Gastos administrativos diversos	0	ENERO
Gastos fijos totales	1,215	
D. Gastos por intereses	0	
E. Impuesto Federal Sobre la Renta	0	
F. Otros usos	0	
G. Pagos por activos de largo plazo	1,139	
H. Pagos de créditos	0	
I. Retiros del propietario	2,000	
EFECTIVO TOTAL PAGADO	10,494	
SALDO/DÉBITO DE CAJA	13,606	
CRÉDITOS POR RECIBIR	40,000	
DEPÓSITOS DE CAPITAL	5,000	
SALDO DE CAJA FINAL	58,606	

Instrucciones para elaborar
un Estado de Flujo de Caja

Esta página contiene instrucciones para completar el estado de flujo de caja de la página siguiente. Se incluye una forma en blanco al final del libro, donde podrá anotar sus propias proyecciones.

Las **COLUMNAS VERTICALES** se dividen en doce meses y van precedidas de una columna para el "Total".

Las **POSICIONES HORIZONTALES** del estado contienen todas las fuentes de efectivo y el efectivo por pagar. Las cifras se toman de las dos hojas de trabajo anteriores y de los presupuestos individuales.

Las cifras se proyectan para cada mes y reflejan el flujo de caja que entra y sale del negocio para un periodo de un año. Comience con el primer mes del ciclo de su empresa y proceda como sigue:

1. Proyecte el saldo de caja inicial. Asiéntelo bajo "Enero".
2. Proyecte los ingresos en efectivo para enero. Distribuya los ingresos totales del año entre los 12 meses. Procure ajustar los ingresos de una manera tan apegada como sea posible a un ciclo realista de ventas para su industria.
3. Sume el saldo de caja inicial y los ingresos en efectivo para determinar el efectivo total disponible.
4. Proyecte los pagos en efectivo que se deberán hacer por el costo de la mercancía para venta (el inventario que usted comprará o fabricará). Distribuya su presupuesto total para inventario a lo largo del año, asegurándose de prever los niveles de inventario que satisfagan sus necesidades de acuerdo con las ventas proyectadas.
5. Adapte las categorías de gastos variables y fijos a su negocio.
6. Proyecte los gastos variables, fijos y por intereses para enero. Llene todos los espacios que pueda para los 12 meses.
7. Proyecte el efectivo que se deberá pagar por concepto de impuestos, activos de largo plazo, rembolsos de créditos y retiros del propietario.
8. Calcule el efectivo total pagado (el total del costo de la mercancía para venta, gastos variables, gastos fijos, intereses,

Instrucciones para elaborar
un Estado de Flujo de Caja *(continuación)*

impuestos, pagos por activos de largo plazo, rembolsos de créditos y retiros del propietario).

9. Reste el efectivo total pagado del efectivo total disponible. El resultado se asienta bajo "Saldo/Débito de caja". No olvide encerrar entre paréntesis esta cifra si el resultado es negativo para evitar errores.

10. Examine el saldo de efectivo final de cada mes y proyecte los préstamos por recibir y los depósitos de capital que se van a hacer. Sume al saldo/débito de caja para obtener el saldo de caja final para cada mes.

11. El saldo de caja final de enero se transfiere hacia adelante y se convierte en el saldo de caja inicial de febrero, y así sucesivamente en toda la hoja de cálculo. (El saldo final de cada mes es el saldo inicial del mes siguiente.)

12. Pase a febrero y asiente los números que hagan falta para completar ese mes. El proceso se repite hasta terminar con diciembre.

Para completar la columna de "Total":

1. El saldo de caja inicial de enero se asienta en el primer espacio de la columna de "Total".

2. Las cifras mensuales para cada categoría (excepto el saldo de caja inicial, el efectivo total disponible, el saldo/débito de caja y el saldo de caja final) se suman en sentido horizontal y el resultado se anota como total de la categoría correspondiente.

3. La columna de Total se calcula de la misma forma que cada uno de los meses individuales. Si sus cálculos son exactos, el saldo de caja final de diciembre será exactamente igual al saldo de caja final total.

Nota: Si su negocio es nuevo, tendrá que basar sus proyecciones exclusivamente en la investigación del mercado y en las tendencias de la industria. Si tiene un negocio ya establecido, también utilizará sus estados financieros de años anteriores. Este proceso puede parecer complicado, pero, a medida que trabaje en él, sin duda comenzará a tener sentido cabalmente y la tarea resultará sencilla y razonable.

Estado de flujo de caja proforma

Artículos Deportivos As

PARA EL AÑO DE 19__	TOTAL	ENE	FEB	MAR	ABR	MAY
SALDO DE CAJA INICIAL						
INGRESOS EN EFECTIVO						
a. Ingresos por ventas (ventas en efectivo)						
b. Documentos por cobrar						
c. Ingresos por intereses						
d. Venta de activos de largo plazo						
EFECTIVO TOTAL DISPONIBLE						
PAGOS EN EFECTIVO						
a. Costo de mercancía para venta						
1. Compras						
2. Material						
3. Mano de obra						
b. Gastos variables (de venta)						
1. Publicidad / marketing						
2. Organización de eventos						
3. Fletes						
4. Salarios de venta						
5. Viajes						
6. Vehículo						
7. Gastos diversos de venta						
c. Gastos fijos (administrativos)						
1. Admón. financiera						
2. Seguros						
3. Licencias y permisos						
4. Salarios de oficina						
5. Gastos de alquiler						
6. Servicios públicos						
7. Gastos administrativos diversos						
d. Gastos por intereses						
e. Impuesto federal sobre la renta						
f. Otros usos						
g. Pagos por activos de largo plazo						
h. Pagos de créditos						
i. Retiros del propietario						
EFECTIVO TOTAL PAGADO						
SALDO/DÉBITO DE CAJA						
CRÉDITOS POR RECIBIR						
DEPÓSITOS DE CAPITAL						
SALDO DE CAJA FINAL						

> Ésta es la extensión completa de la forma anterior (Estado de flujo de caja parcial). En el Apéndice se incluye una forma en blanco para su uso personal.

Estado de flujo de caja proforma *(continuación)*

Artículos Deportivos As

PARA EL AÑO DE 19__	JUN	JUL	AGO	SEP	OCT	NOV	DIC
SALDO DE CAJA INICIAL							
INGRESOS EN EFECTIVO							
a. Ingresos por ventas (ventas en efectivo)							
b. Documentos por cobrar							
c. Ingresos por intereses							
d. Venta de activos de largo plazo							
EFECTIVO TOTAL DISPONIBLE							
PAGOS EN EFECTIVO							
a. Costo de mercancía para venta							
1. Compras							
2. Material							
3. Mano de obra							
b. Gastos variables (de venta)							
1. Publicidad/marketing							
2. Organización de eventos							
3. Fletes							
4. Salarios de venta							
5. Viajes							
6. Vehículo							
7. Gastos diversos de venta							
c. Gastos fijos (administrativos)							
1. Admón. financiera							
2. Seguros							
3. Licencias y permisos							
4. Salarios de oficina							
5. Gastos de alquiler							
6. Servicios públicos							
7. Gastos administrativos diversos							
d. Gastos por intereses							
e. Impuesto federal sobre la renta							
f. Otros usos							
g. Pagos por activos de largo plazo							
h. Pagos de créditos							
i. Retiros del propietario							
EFECTIVO TOTAL PAGADO							
SALDO/DÉBITO DE CAJA							
CRÉDITOS POR RECIBIR							
DEPÓSITOS DE CAPITAL							
SALDO DE CAJA FINAL							

INVESTIGA EL MERCADO

Para tener éxito, el propietario de un negocio debe conocer su mercado. La investigación de mercados implica averiguar si existe la necesidad de un producto o servicio **antes** de comprometer una gran cantidad de tiempo y dinero en el proyecto. Su producto o servicio puede tener demanda y sus precios ser competitivos. Quizá usted ya ha averiguado cuáles son los precios más bajos para sus materias primas y ha obtenido el financiamiento adecuado para su negocio. Todo esto será inútil si no se ha tomado el tiempo para identificar a sus clientes y no ha encontrado los medios para hacerles llegar su producto o servicio. La palabra clave en este caso es el **tiempo**. Toma tiempo investigar y elaborar un plan de marketing, pero es tiempo bien empleado.

Hasta este punto, nos hemos enfocado a echar a andar su negocio y a desarrollar su producto o servicio. Una persona que se ocupa del marketing debe estar orientada al cliente. Ahora debe cambiar su enfoque: procure ser objetivo y pensar como cliente. ¿Estará interesado éste en lo que usted le ofrece? La investigación de mercados implica averiguar lo que el cliente desea y necesita, y también determinar cómo es que su negocio puede satisfacer esos deseos y necesidades. El proceso también comprende el análisis de las capacidades y éxitos de su competencia en el mercado.

Investigación de mercados

Existen empresas profesionales y asesores individuales capaces de llevar a cabo una investigación de mercado para usted. Estas personas realizan sondeos de mercado, recopilan datos y hacen recomendaciones, proceso que puede ser demasiado costoso para un pequeño negocio que se inicia. Tome en cuenta que existen fuentes no profesionales que le pueden ayudar; por ejemplo, los estudiantes pueden ser un recurso de bajo costo para realizar encuestas. Póngase en contacto también con el departamento de administración de empresas de las universidades de su área. A los estudiantes que se especializan en marketing suele requerírseles que lleven a cabo estudios de mercado y su negocio podría satisfacer esa necesidad.

Quizá opte por hacer su propio sondeo de mercado. La mayor parte de la información que necesita podrá encontrarla en su biblioteca pública o universitaria, y en las publicaciones del Departamento de Comercio, la Small Business Administration y la Oficina del Censo (Census Bureau). Al hacer su propia investigación de mercados y crear un plan por cuenta propia, desmitificará el marketing y aprenderá todo lo que hay que conocer sobre su tipo de negocio.

No subestime la observación personal. Observe cuáles son las tendencias actuales de compra. Puede aprender mucho acerca de los hábitos de compra en su zona examinando las compras que se hacen en las cajas del supermercado y en las tiendas del centro comercial. Escuche a sus amigos. ¿Qué productos o servicios desearían ellos tener disponibles?

Considere la posibilidad de comercializar a prueba algunas muestras de su producto. No use para esto a sus amigos o parientes, pues sus opiniones no son objetivas. Quizá pueda ponerse en contacto con la Cámara de Comercio u otro grupo cívico para analizar la posibilidad de presentar muestras en alguna de sus reuniones. No olvide incluir una forma para evaluación que le permita analizar las respuestas.

Estudie la naturaleza de la demanda. ¿Son de temporada sus productos o servicios, o son una moda temporal? ¿Hay espacio para crecer? ¿Puede pensar en productos o servicios afines para redondear su negocio?

Evalúe las tendencias de su industria. Póngase en contacto con asociaciones industriales y profesionales de su campo para determinar la demanda del producto o servicio que está considerando. Estas entidades también constituyen buenos recursos para reunir información acerca de los niveles de precio actualmente aceptables. Las publicaciones del ramo suelen pronosticar tendencias y señalar nuevos productos o servicios antes de que lleguen al mercado. Esta información le puede proporcionar una ventaja. Su asistencia a exposiciones comerciales le permitirá conocer nuevos productos y servicios, le proporcionará indicios de la demanda por parte del consumidor y le dará oportunidad de conocer proveedores.

El uso de cuestionarios

Un método económico para obtener una respuesta de parte del mercado en relación con un producto o servicio es el uso de un cuestionario. Las encuestas son un medio excelente para determinar la respuesta a lo que usted ofrece y un cuestionario es el medio más común para reunir información. Un cuestionario se inicia con una introducción. Explique la naturaleza de su negocio. Describa su producto o su servicio, exponga lo que tiene de singular y cómo puede beneficiar al cliente. El contacto inicial con el lector se establece en el enunciado introductorio. Un cuestionario bien proyectado puede reunir datos que abarcan cuatro áreas principales:

1. **Interés en su producto o servicio:** por ejemplo, incluya preguntas encaminadas a determinar la necesidad de su producto o servicio. ¿Estaría usted interesado en la entrega a domicilio de comida fina? ¿Le interesaría un servicio de compra de regalos? ¿Busca usted servicios domésticos?

2. **Demografía:** las preguntas se pueden estructurar de modo que muestren la clase de personas que sus prospectos son. Con estas preguntas se obtiene información demográfica y psicográfica sobre su mercado. ¿Trabaja usted lejos de la ciudad donde vive? ¿Hace sus compras donde trabaja? ¿Hace sus compras donde vive? ¿Qué precio esperaría pagar por este producto? ¿Cuánto esperaría pagar por este servicio? ¿Cuál es su edad? ¿Cuál es el ingreso familiar? ¿Tiene casa propia o alquila una vivienda?

3. **Los medios para llegar a su mercado:** se pueden incluir preguntas que muestren cómo llegar a sus clientes. ¿Qué periódicos lee usted? ¿Qué estaciones de radio escucha? ¿Qué programas de televisión ve? ¿Utiliza usted cupones de descuento? ¿Hace pedidos por catálogo? ¿Dónde esperaría adquirir este producto?

4. **La competencia:** las preguntas acerca de la competencia le pueden mostrar formas de dar un ca-

rácter singular a su compañía y de que la misma beneficie al cliente. ¿Qué compañía utiliza actualmente? ¿Qué le agrada respecto a su producto o servicio? ¿Cómo se podría mejorar el producto o servicio?

Para ilustrar cómo se pueden reunir datos específicos, en la página 191 se incluye una **Hoja de trabajo de formato de cuestionario para Artículos Deportivos As**. Para ayudarle a crear su propio sondeo, en las páginas 192 y 193 se incluye un **Cuestionario de muestra para un producto** y un **Cuestionario de muestra para un servicio**. Póngase en contacto con su mercado entregando el cuestionario a clientes potenciales válidos, no a familiares o amigos. Puede establecer dicho contacto por correo, por teléfono o mediante entrevistas personales o en grupo. Puede alquilar una lista de correos, utilizar un directorio telefónico geográfico o realizar entrevistas mediante clubes y organizaciones. Las mesas de exposición en eventos comunitarios también son un buen medio para establecer contacto con el público comprador y reunir información.

Planifique su estrategia de evaluación mientras elabora su cuestionario. Use un **código de dirección** en todo lo que envíe por correo. Por ejemplo, si su dirección de correos es Calle Mayor 216, codifique su dirección de devolución agregando Oficina 206 o Depto. 1098. Oficina 206 podría ser el código para el correo enviado a una zona específica. Aunque los cuestionarios le son devueltos sin firma de identificación, tendrá idea del área geográfica que le ha respondido. "Departamento 1098" podría referirse a un envío realizado en octubre de 1998. Use todos los códigos que considere necesarios. Puede codificar sus envíos por color. Imprima sus cuestionarios en diferentes colores o en distintos tipos de papel. Con ello, tendrá una imagen definida de la respuesta proveniente de una zona. Para ayudarle a hacer su evaluación, en la página 194 se incluye un **Registro de co-dificación de cuestionarios**.

No hay que olvidar que el marketing es un proceso dinámico y cambiante. Usted debe ser flexible. Quizá su idea de negocio original no tuvo una buena acogida. ¿Le indicaron los resultados del sondeo un camino para modificarla con el propósito de hacerla más aceptable?

La competencia

La **competencia directa** son los negocios que ofrecen el mismo producto o servicio al mismo mercado. Una compañía con el mismo producto o servicio pero con un mercado distinto es una **competencia indirecta**. Es posible que usted y otra empresa fabriquen el mismo producto, pero la otra compañía lo ofrezca a la venta a través de pedidos por correo en tanto que usted lo hará en un establecimiento de venta al menudeo. Quizá usted ofrezca su servicio en una unidad móvil, mientras que la competencia proporciona el mismo servicio en un taller. Evalúe tanto la competencia directa como la indirecta.

Busque las fortalezas y debilidades de sus competidores. Es necesario que identifique la imagen de su competidor. ¿A qué parte del mercado apela el mismo? ¿Puede usted atraer la atención del mismo mercado de una forma mejor? ¿Puede usted descubrir un mercado no explotado?

Los listados de empresas de su directorio telefónico proporcionan una amplia variedad de información útil. La lista completa de negocios de su categoría le dará una idea del alcance de su competencia y le permitirá identificar donde están ubicados dentro de su área geográfica. Analice el tipo y el estilo del anuncio mismo. ¿Qué imagen tiene usted del negocio con base exclusivamente en su reacción al anuncio? Luego de hacer una visita de inspección al local, ¿conserva usted la misma imagen?

La cámara de comercio puede proporcionarle información sobre negocios en general y sobre su área de negocio en particular para la región que desea investigar.

Las asociaciones industriales y profesionales de nivel nacional publican boletines y revistas que no sólo pronostican tendencias, sino que además dan información sobre el negocio en la actualidad. Los directorios disponibles en las bibliotecas enumeran estas asociaciones; identifique las que pertenezcan a su campo, escríbales en papel membretado de su empresa y solicite copias de muestra de sus publicaciones e información sobre la membresía.

Cuando haya compilado una lista de competidores, haga planes para visitar a cada uno de ellos. Haga varias copias de la **Forma para evaluación de la competencia** de la página 195 y llene una por cada competidor. Utilícelas como herramienta para reunir los datos que necesita.

La manera más eficaz de evaluar un servicio competitivo es presentarse como cliente. Llame y pregunte cuáles son las categorías de trabajos, los programas de entrega, las condiciones de pago, las políticas de descuento y las garantías. ¿Cuál fue su reacción en términos generales después de la llamada telefónica a la competencia? ¿Tiene usted confianza en la compañía? ¿Lo trataron de manera cortés? ¿Lo dejaron esperando y lo obligaron a escuchar música insulsa o una serie de anuncios? La reacción del público comprador será semejante a la suya.

Visite el local de su competidor y califique al personal. ¿Es el servicio rápido y eficiente? Utilice el servicio del competidor. Su análisis de la competencia le ayudará a planificar su propia entrada al mercado.

Visite tiendas donde se exhiban productos similares al suyo. ¿Está el personal bien informado? Visite el establecimiento a diferentes horas en distintos días de la semana para darse una idea de los patrones de flujo del tránsito. Observe cómo se exhiben productos similares. ¿Parecen tener movimiento los productos? ¿Qué tan pronto se ponen en rebaja o se trasladan a la mesa de ofertas? La mayoría de las tiendas doblan el costo de mayoreo, así que usted puede darse una idea de cuáles son los precios de mayoreo de sus competidores.

A medida que evalúe a su competencia, se harán evidentes sus fortalezas y debilidades. Lo que usted debe hacer es llevar las fortalezas de ellos a su negocio y aprender de sus debilidades. Las debilidades son puertas hacia el éxito, pues indican el camino hacia lo que puede distinguir a su negocio de la competencia: le ayudarán a identificar lo que puede ser un **beneficio para sus clientes**.

Su nuevo producto o servicio puede ser un monopolio. Si tiene éxito, no le quepa duda que tendrá competencia. Para continuar siendo competitivo, es indispensable evaluar a la competencia a lo largo de toda la vida de su negocio.

Su mercado objetivo

Usted debe identificar el segmento de mercado o el grupo de clientes al que puede servir de manera rentable con base en el tamaño de ese mercado, los recursos que necesita y las fortalezas y debilidades de su negocio. No le conviene crecer con demasiada rapidez ni tampoco ser incapaz de cumplir con los plazos y los programas de producción. Su meta es elaborar un perfil de sus clientes, perfil que se forma con base en información demográfica y psicográfica.

Demografía

Los mercados se describen en términos demográficos: edad, sexo, origen étnico, educación, ocupación, ingreso, situación familiar y ubicación geográfica. A partir de sus observaciones producto del análisis de la competencia y sus resultados de la evaluación a través de cuestionarios, ya habrá elaborado un perfil de sus clientes. Ahora necesita encontrar más clientes que se ajusten a este perfil.

La información que necesita la encontrará en los informes de censos publicados por el Departamento de Comercio, en directorios disponibles en la sección de referencia de las bibliotecas y en datos que puede consultar en su cámara de comercio.

El **tamaño de la población** es uno de varios factores que le ayudarán a determinar el tamaño del mercado. Para los Estados Unidos, un estudio de las tablas de población del *Statistical Abstract of the United States* (un material de referencia que publica el Departamento de Comercio) le mostrará los desplazamientos de la población. Cuando se estudian estos datos comienzan a aparecer tendencias.

Las tablas de **distribución de la población** muestran un desplazamiento de los habitantes citadinos con mayores recursos económicos hacia comunidades suburbanas. Esto requiere un ajuste por parte del negocio. ¿Dónde habita su mercado? ¿Dónde trabaja? ¿Va de compras donde habita o donde trabaja? Si sus clientes potenciales van de compras donde trabajan y lo hacen en otra ciudad, de nada le servirá ofrecerles su producto o servicio durante el horario normal de trabajo en la ciudad donde residen.

La **distribución de edades** también dicta tendencias. A mediados de la década de 1980, el número de individuos de 65 o más años de edad sobrepasó al número de adolescentes. Esta brecha ha seguido en aumento a medida que nos acercamos al año 2000.

El **sexo** es una base obvia para el análisis de mercados de consumidores. Muchos de los patrones tradicionales de compra están cambiando. Los hombres hacen con frecuencia las compras de alimentos, las mujeres están comprando gasolina y llevando el auto a reparar, y ambos se ocupan ahora del mantenimiento y reparación de su vivienda. El número de mujeres que trabajan ha aumentado de manera considerable en todos los grupos de edad. A fines de los años ochenta, bastante más de la mitad de las mujeres estadunidenses trabajaban fuera de casa y esta tendencia seguirá en aumento en el próximo siglo.

El **origen étnico**, en la medida en que afecta la base de población, también es útil en el análisis de la demografía para ciertos productos y servicios. Las preferencias por los productos, la distribución de edades, los desplazamientos de la población y el idioma varían. Es necesario conocer la composición étnica del área geográfica que constituye el objetivo. Estos datos se encuentran en la información de la Oficina del Censo que describe las características generales de la población. Un bibliotecario especializado en referencias de negocios puede orientarlo hacia recursos como el *City and County Data Book*, el cual contiene información estadística sobre la distribución de la población.

Es necesario analizar la **situación familiar**. A lo largo de la década pasada surgieron dos nuevos grupos bien definidos: personas solteras que viven solas y personas no casadas que viven juntas. Los informes del censo desglosan la situación familiar de acuerdo con el número de hijos y sus edades, e indican un aumento en el número de padres solteros.

El **nivel educativo**, la **ocupación** y el **ingreso** son otros aspectos demográficos que se deben considerar. El nivel educativo suele indicar cambios en la preferencia por los productos. Es probable que las personas con altos niveles de educación tengan gustos más especializados y mayores ingresos. La ocupación también se debe considerar como un criterio significativo para el análisis del mercado.

Psicografía

Los mercados se definen también en términos psicográficos, es decir, las características psicológicas del mercado, y de igual importancia que los aspectos demográficos. Los estudios demográficos tradicionales no permitían entender por qué las personas adquirían ciertos productos preferentemente a los de la competencia. Los encargados del marketing comenzaron a percibir la necesidad de analizar el estilo de vida, el comportamiento personal, el concepto de sí mismo y el estilo de compra. El estudio de la psicografía y de su relación con el marketing es relativamente nuevo; se inició a principios de la década de 1950 y en la actualidad es una herramienta de uso extendido para el análisis de los mercados.

El **estilo de vida** se refiere a la manera de vivir de una persona. Es una categoría amplia e implica características de la personalidad. El estilo de vida se relaciona con las actividades, intereses y opiniones del cliente, y refleja el uso que se da a las horas libres.

El **comportamiento personal** está ligado a los valores personales. El grado de involucramiento con la comunidad, la actividad política y la participación en el vecindario reflejan el carácter psicológico de una persona. El grado de prudencia, escepticismo y ambición se refleja en los patrones de compra.

El **concepto de sí mismo** se refiere a cómo nos vemos a nosotros mismos y cómo esperamos que nos vean los demás. Quizá los aspectos demográficos de tamaño de la familia, ubicación, ocupación y nivel de ingresos indiquen que un individuo probablemente compre una camioneta, pero la psicografía de la imagen de sí mismo muestre que lo que compraría es un auto deportivo.

El **estilo de compra** de su mercado es muy importante. ¿Con qué frecuencia hace una adquisición? ¿Hubo una razón específica para la compra o fue producto de un impulso? Los nuevos productos son adquiridos en primer término por individuos que se ven a sí mismos como aventureros y de mente abierta.

Los resultados de su cuestionario pueden conformar una base para enfocar perfectamente a sus clientes. Los datos pueden proporcionarle retroalimentación respecto a los aspectos demográficos y psicográficos de su grupo de estudio. Incluya preguntas que generen la información que usted necesita.

Integración de los elementos

La clave para la investigación de mercados está en reunir información útil, es decir, información oportuna y confiable. Este proceso es un medio ordenado y objetivo para aprender acerca de las personas que van a adquirir su producto o utilizar su servicio. En las páginas 196 y 197 se incluye una **Hoja de trabajo de mercado objetivo** que le servirá para definir su mercado. Esta hoja va seguida de una **Hoja de trabajo de investigación de mercado**, que le ayudará a transformar los resultados de su investigación en un plan de acción.

Recuerde que el marketing es un proceso dinámico. Los clientes se mudan, los estilos de vida cambian, los niveles de ingreso varían. Para trabajar de manera eficaz, la investigación de mercados se debe llevar a cabo de manera continua durante toda la vida de su negocio. Esté siempre alerta para identificar a la competencia nueva, los nuevos productos y servicios, los desplazamientos de la población y las tendencias más recientes.

El proceso de investigar, alcanzar y conservar el mercado objetivo se explica en detalle en nuestro libro titulado *Target Marketing* (Chicago, Upstart Publishing, 1996).

Hoja de trabajo de formato de cuestionario
para Artículos Deportivos As

Fecha _____ Lugar _____

(Información demográfica y psicográfica)
Por favor encierre en un círculo las respuestas:
Sexo *masculino/femenino*   *Soltero/Casado/Otro*
Edad: 18 a 25   26 a 35   36 a 45   46 en adelante
Ocupación o profesión _____
¿Le agradan las actividades al aire libre? Sí ___ No ___
¿Le gusta la pesca? Sí ___ No ___

(Información para determinar el interés y aprender acerca de la competencia)
¿Ha ido alguna vez a pescar con anzuelo? Sí ___ No ___
Si su respuesta es afirmativa:
a) ¿Qué opina de la experiencia?
b) ¿A dónde fue?
c) ¿Había instructores o guías presentes?
d) ¿Le interesaría tomar clases sobre pesca con anzuelo?
e) ¿Tendría interés en realizar excursiones de pesca?
f) ¿Cuánto esperaría pagar por una excursión de pesca de 10 horas, con guía?

Si su respuesta es negativa:
a) ¿Le interesaría tomar clases de pesca?
b) ¿Le interesaría alquilar equipo?
c) ¿Tendría interés en ver gratuitamente vídeos deportivos de instrucción en nuestra tienda?

(Información encaminada a llegar al mercado potencial)
¿Utiliza usted cupones de descuento? Sí ___ No ___
¿Qué periódicos lee usted? _____
¿Qué estación de radio escucha usted? _____
¿Ha oído hablar de *Artículos Deportivos As*? Sí ___ No ___

Gracias por sus respuestas. La información siguiente es de utilidad
para mi estudio, pero es opcional para usted:
Nombre _____
Domicilio _____
Ciudad _____ Estado _____
C.P. _____
Teléfono (___)_____

Cuestionario de muestra: producto

Deseo ofrecer un nuevo producto y estoy poniéndome en contacto con algunas personas de este vecindario para realizar un sondeo importante y rápido. Confío en que dedique usted un momento a indicarme lo que piensa acerca de los juegos de mesa.

1. ¿Juega usted algún juego de mesa? Sí ___ No ___
    (Si su respuesta es NO, pase al #7.)
2. ¿Cuál es su juego de mesa favorito?
    ___ Backgammon ___ Damas ___ Pictionary® ___ Life®
    ___ Clue® ___ Monopoly® ___ Sorry® ___ Otro
3. En promedio, ¿con qué frecuencia juega usted juegos de mesa?
    ___ Menos de una vez al mes ___ Una vez al mes
    ___ Dos veces al mes ___ Una vez por semana
    ___ Más de una vez por semana
4. ¿Le gustaría jugar un nuevo juego de mesa relacionado con el mercado de valores?
    ___ Sí ___ No ___ Tal vez ___ No sé
5. ¿Cuánto pagaría usted por un juego de mesa sobre el mercado de valores?
    ___ $6.00 a $10.00 ___ $10.01 a $15.00 ___ $15.01 a $20.00
    ___ Más de $20.00
6. ¿Cuál es la primera palabra que le viene a la mente cuando piensa en el mercado de valores?
7. En promedio, ¿cuántas horas por semana ve usted la televisión?
    ___ Menos de una hora ___ 1 a 3 horas ___ 3 a 6 horas
    ___ 6 a 9 horas ___ 9 horas o más
8. ¿Recorta usted cupones del periódico? Sí ___ No ___
9. ¿Qué estación de radio escucha usted con más frecuencia?
10. ¿Qué edad tiene usted?
    ___ 18 a 24 años ___ 25 a 34 años ___ 35 a 44 años
    ___ 45 a 54 años ___ más de 55 años
11. ¿Cuál es el ingreso familiar promedio?
    ___ Menos de $25,000 ___ $25,000 a $45,000 ___ $45,000 a $60,000
    ___ Más de $60,000

Gracias por sus respuestas. La información siguiente es de utilidad para mi estudio, pero es opcional para usted:
Nombre _____
Domicilio _____
Ciudad _____ Estado _____
C.P. _____
Teléfono (___)_____

Cuestionario de muestra: servicio

Deseo ofrecer un nuevo servicio y estoy poniéndome en contacto con algunas personas de este vecindario para realizar un sondeo importante y rápido. Confío en que dedique usted un momento a indicarme lo que piensa acerca de la comida para llevar.

1. ¿Ordena usted comida para llevar? ___ Sí ___ No

2. ¿Cuál es su comida para llevar favorita? ___ Comida china
   ___ Comida mexicana ___ Pizza ___ Comida tipo Deli
   ___ Hamburguesas ___ Otra

3. En promedio, ¿con qué frecuencia ordena usted comida para llevar?
   ___ Menos de una vez al mes ___ Una vez al mes
   ___ Dos veces al mes ___ Una vez por semana
   ___ Más de una vez por semana

4. ¿Le interesarían las comidas completas para llevar? ___ Sí ___ No

5. ¿Le interesarían las comidas entregadas a domicilio? ___ Sí ___ No

6. ¿Cuánto estaría dispuesto a pagar por una comida completa entregada a domicilio?
   ___ $10.00 ___ $15.00 ___ $17.50 ___ $20.00

7. ¿Cuál es la primera palabra que le viene a la mente cuando piensa en comidas completas entregadas a domicilio? _____

8. En una escala de uno a cinco, donde cinco significa muy importante, por favor califique los incisos siguientes en relación con lo que usted piensa respecto a la comida para llevar (encierre en un círculo):
   Recipientes   1 2 3 4 5
   Combinaciones de alimentos que se ofrecen   1 2 3 4 5
   Temperatura en el momento de entregar   1 2 3 4 5
   Sabor   1 2 3 4 5
   Tiempo de entrega   1 2 3 4 5

9. ¿Recorta usted cupones del periódico? ___ Sí ___ No

10. ¿Qué periódico lee usted? _____

11. ¿Qué edad tiene usted? ___ 18 a 24 años ___ 25 a 34 años
    ___ 35 a 44 años ___ 45 a 54 años ___ más de 55 años

12. ¿Cuál es su ingreso familiar promedio?
    ___ Menos de $25,000 ___ $25,000 a $45,000
    ___ $45,000 a $60,000 ___ Más de $60,000

Gracias por sus respuestas. La información siguiente es de utilidad para mi estudio, pero es opcional para usted:
Nombre _____
Domicilio _____
Ciudad _____ Estado _____
C.P. _____
Teléfono (___)_____

Registro de codificación de cuestionarios

Artículos Deportivos As

Código	Fecha	Núm. enviado	Destino/destinatario	Tasa de respuesta	Evaluación
Papel azul	9/98	500	Mié. 10 a.m. a 1 p.m. Compradores en el Centro Comercial del Muelle de Pescadores	20 entrevistas 36 devueltos por correo	6 seguimientos para clases/ excursiones 30 seguimientos
Papel amarillo	9/98	500	Sáb. 10 a.m. a 1 p.m. Compradores en el Centro Comercial del Muelle de Pescadores	52 entrevistas 160 devueltos por correo	20 seguimientos para clases/ excursiones 52 seguimientos
Depto. 998	9/98	1000	Lista de correos 132, 18-35 años. Viven en un radio de 16 millas. Ingreso promedio $35,000	10/98 120 devueltos	26 seguimientos para clases/ excursiones
Oficina 998	9/98	500	Lista de correos - estudiantes de la universidad local	10/98 287 devueltos	158 seguimientos para clases/ excursiones
Depto 1098	9/98	100	Lista de correos #132 alquilada de nuevo	11/98 261 devueltos	57 seguimientos para clases/ excursiones

Por medio del análisis de los resultados del cuestionario, el propietario de Artículos Deportivos As puede determinar que los compradores sabatinos del Centro Comercial del Muelle de Pescadores están más dispuestos a responder. El cuestionario se puede analizar para obtener una combinación de información demográfica. Los envíos por correo a estudiantes universitarios tuvieron buena respuesta y es probable que este grupo constituya una buena parte del mercado objetivo. La respuesta a los envíos del 9/98 y del 10/98 muestran el valor que tienen los envíos repetidos por correo al mismo grupo. Con estos envíos, el propietario del negocio ha elaborado su propia lista de correos con los nombres de 349 personas interesadas en excursiones y clases de pesca.

Forma para evaluación de la competencia

Perfil de la competencia

1. **Competidor:** Artículos Deportivos Sánchez

2. **Ubicación:** 724 University Drive
   Blair, NY 07682

3. **Productos o servicios que se ofrecen:** Línea completa de equipo deportivo, en especial para golf.

4. **Métodos de distribución:** Ventas al menudeo, catálogo.

5. **Imagen:** Se usan los colores azul y blanco en la decoración y los uniformes.

   Empaques: Bolsas de plástico con logo.

   Materiales de promoción: Gorras de béisbol y camisetas con nombre y logo.

   Métodos publicitarios: Anuncios en radio KLXY, volantes por correo, suplemento dominical del periódico.

   Calidad del producto o servicio: Marcas principales, excelente personal de ventas.

6. **Estructura de precios:** 100% de margen en artículos para golf, 75% de margen en otra mercancía.

7. **Historial del negocio y comportamiento actual:** Ha estado en el local actual durante cinco años.

8. **Participación de mercado (número, tipos y ubicación de los clientes):** Una de las dos tiendas de artículos deportivos de la ciudad, tiene clientela de preparatorias y universidades.

9. **Fortalezas (las fortalezas de la competencia se convierten en fortalezas suyas):** Personal de ventas competente, contactos establecidos con campos de golf y asociaciones locales.

10. **Debilidades (un examen de las debilidades de la competencia puede ayudarle a encontrar medios para distinguirse y beneficiar al cliente):**
    -No ofrece clases ni clínicas de deportes
    -Cerrado los domingos
    -No ofrece equipo para pesca
    -No patrocina un equipo juvenil

Nota: elabore una Hoja de trabajo de evaluación de la competencia para cada competidor. Guarde estos registros y actualícelos. Es rentable continuar calificando a su competencia a lo largo de la vida de su negocio.

Hoja de trabajo de mercado objetivo

Artículos Deportivos As

1. ¿Quiénes son mis clientes?

Perfil: Resultados de cuestionarios, entrevistas y listas de correos.

Nivel económico: 52% graduados universitarios   25% puestos directivos   29% profesionales   79% tienen o están por adquirir vivienda propia

Carácter psicológico (estilo de vida): Valoran la confiabilidad de la mercancía (garantía)
Extrovertidos, atléticos
Les gusta viajar

Límites de edad: Edad promedio: = 32

Sexo: Masculino = 57%   Femenino = 43%

Nivel de ingresos: Ingreso familiar promedio = $58,000
69% tiene ingresos de dos personas

Hábitos de compra: Usan cupones. La calidad y la confiabilidad son más importantes que el costo.

2. ¿Dónde están ubicados mis clientes?

Dónde viven: Dentro de los límites urbanos de Blair, NY.

Dónde trabajan: 62% viajan de 20 a 35 millas (32 a 46 kilómetros) en un sentido
24% trabajan en Blair   14% están jubilados

Dónde hacen sus compras:
El 32% de quienes viajan al trabajo compran donde trabajan y llegan a casa después de las 6 p.m.

3. Tamaño proyectado del mercado:
El grupo objetivo representa el 20% de la población dentro de los límites urbanos. Población total = 52,000; 20% = 10,400.

Las proyecciones indican que puedo dar servicio al 10% del grupo objetivo, lo que equivale a una base de 1,040 clientes.

Hoja de trabajo de mercado objetivo *(continuación)*

4. ¿Cuáles son las necesidades de los clientes?

a. Instrucción deportiva. Oportunidad de "probar" el equipo antes de adquirirlo.

b. Tienen interés en la pesca, en especial con anzuelo. En la actualidad ninguna tienda ofrece una línea completa de aparejos de pesca.

c. Debido al tiempo de traslado al trabajo y al número de familias con dos ingresos, la tienda debe abrir en un horario conveniente para el consumidor.

d. Compromiso de la empresa con la comunidad.

e. Personal competente.

f. Confiabilidad de la mercancía.

5. ¿Cómo puedo satisfacer esas necesidades?

a. Ofrecer alquiler de equipo. Ofrecer clínicas y clases de deportes. Ofrecer vídeos deportivos de "cómo hacer..." para exhibir en la tienda. Si hay demanda, agregar vídeos a la línea de productos.

b. Ofrecer línea completa de aparejos de pesca. Proporcionar demostraciones en la tienda.

c. Abrir en domingo. Abrir hasta las 9 p.m. los jueves y viernes.

d. Patrocinar equipo deportivo juvenil.

e. Programa de capacitación para los empleados: técnicas de venta, servicio al cliente, conocimiento de los deportes.

f. Ofrecer garantía de la tienda en toda la mercancía.

6. ¿Qué tiene de especial mi negocio?

Única tienda de artículos deportivos de la región que ofrece y se especializa en equipo de pesca.

Única tienda que proporciona un área para ver vídeos deportivos de instrucción.

Garantía de la tienda en todo el equipo.

Hoja de trabajo para investigación de mercados

Artículos Deportivos As

Preguntas	Fuente de información	Resultados	Efecto sobre el plan
¿Le interesaría tomar clases de pesca con anzuelo?	Lista de correos - 27% de respuesta Cuestionario: C. comercial - Miércoles C. comercial - Sábado	241 interesados 36 72	Espero 10% de compromiso, ó 35 inscripciones a clases. Ofrecer 1 clase sábado 10 a.m., 1 clase miércoles 10 a.m.
¿Le interesaría participar en excursiones de pesca con guía?	Lista de correos - 27% de respuesta Cuestionario: C. comercial - Miércoles C. comercial - Sábado	241 interesados 36 72	Espero 5% de compromiso, ó 17 inscripciones a clases. Ofrecer 1 excursión de pesca el sábado, limitada a 10 personas.
¿Cuánto esperaría pagar por una excursión de pesca de 10 horas a las montañas?	Lista de correos - 27% de respuesta Cuestionario: C. comercial - Miércoles C. comercial - Sábado	Promedio $30 (241 respondieron) Prom. $25 Prom. $40	Ofrecer excursión guiada de 10 horas al río Carson a $35 por persona (promedio de todas las respuestas).
¿Cuál es su edad?	Respuesta a lista de correos Cuestionario: C. comercial - Miércoles C. comercial - Sábado	Mayoría 25 - 34 35 - 44 35 - 44	Casi todas las respuestas corresponden al grupo de 25 a 34 años de edad; la edad promedio es 32. Usaré este factor en futuros alquileres de listas de correos.

Los resultados de correo directo, telemarketing, cuestionarios y trabajo en red se pueden traducir y poner en acción en la Hoja de trabajo para investigación de mercados. Por ejemplo, 349 personas mostraron interés en excursiones de pesca con guía. Es realista esperar que un cinco por ciento, ó 17 personas, se inscriban efectivamente a la excursión. Los resultados indican que $30 es la cantidad que los participantes esperan pagar por una excursión guiada de 10 horas a las montañas. Luego de considerar los salarios de dos guías, el alquiler de una camioneta para 12 personas, el seguro, los permisos de pesca y el equipo, las proyecciones financieras indican que la excursión tendría que incluir 10 personas, a un precio de $35 por persona, para alcanzar el punto de equilibrio. Si Artículos Deportivos As desea tener alguna utilidad, se podrían incluir más personas y reducir los costos. El mercado ya ha indicado que no pagaría mucho más de $30. La tienda puede considerar la posibilidad de no tener pérdidas ni ganancias con la expectativa de generar futuras ventas de equipo. Se podría programar una excursión para evaluar la respuesta. La Hoja de trabajo de marketing ayuda a poner en perspectiva la información que se ha reunido acerca de los clientes.

HAZLE PUBLICIDAD
A TU NEGOCIO

La publicidad es el medio para hacer llegar información acerca de su producto o servicio al público comprador. El primer paso para desarrollar un plan publicitario es definir a los clientes potenciales en el área geográfica a la que sirve. Lleve a cabo algunos sondeos y entrevistas preliminares para determinar cuáles son los medios publicitarios que llegarán a ellos. ¿Qué periódicos leen? ¿Cuáles estaciones de radio escuchan? ¿Utilizan cupones de descuento? ¿Responden al correo directo? Adapte sus esfuerzos publicitarios a la medida de su mercado.

A estas alturas usted ya ha identificado lo que **distingue** a su negocio y cómo esas características peculiares van a **beneficiar al cliente**. Este tema o imagen de su producto o servicio debe transmitirse en toda su publicidad, pues es lo que lo hace diferente de la competencia y lo que atraerá al cliente.

Cuando usted conoce la audiencia a la que desea enfocar su mensaje, dónde está ubicada y qué es lo que desea comunicarle, es el momento de comenzar a analizar la manera de alcanzarla. Existen diversas maneras de conseguirlo: a través de los medios de comunicación, con publicidad y a través de medios alternativos de promoción.

Publicidad en medios de comunicación

La publicidad y la promoción en medios de comunicación puede hacerse por medio de entrevistas, artículos y anuncios pagados en periódicos y revistas, en radio y en televisión.

La **publicidad en periódicos** suele llegar a una audiencia grande, tiene una vida corta, es relativamente económica y se modifica con rapidez y facilidad. Ajuste su anuncio a la "naturaleza" editorial del periódico. Llame al personal del departamento editorial para averiguar qué planes se tienen en cuanto a secciones de temas especiales. Si el periódico planea publicar artículos especiales sobre "autoedición" y usted va a poner en marcha un servicio móvil de reparación de esta clase de equipo, le conviene anunciarse en esa sección. Su anuncio se puede ubicar de modo que llegue a una audiencia específica; las personas que lean esa sección estarán interesadas en la autoedición y en su negocio. El costo del anuncio varía según la frecuencia de publicación y el área de circulación. Pueden ponerse anuncios en diversos tamaños y en varios formatos, como desplegados o anuncios clasificados. Analice la publicidad de su competencia en cuanto a tamaño, ubicación y frecuencia. Sus cuestionarios y su investigación de mercado le habrán indicado cuáles son los periódicos que lee su mercado objetivo, y son los mismos donde usted debe poner su publicidad.

Los propietarios de pequeños negocios suelen pasar por alto la publicidad **en revistas** porque piensan que su elaboración y publicación es demasiado costosa. No es forzoso publicar el anuncio en la edición completa de una revista. Usted puede llegar a mercados geográficos y demográficos específicos poniendo su anuncio en una edición regional. En su biblioteca encontrará los directorios que publica el *Standard Rate and Data Service* en los Estados Unidos, los cuales le indican cuáles revistas tienen ediciones regionales y cuánto cobran por el espacio para anunciarse. El costo se puede reducir utilizando el "espacio remanente". Es frecuente que una revista no haya vendido todo su espacio para anuncios antes del momento de entrar a impresión; estos espacios remanentes suelen venderse con un fuerte descuento con el propósito de llenar la página. Póngase en contacto con la publicación mucho antes de la fecha en que desee que su anuncio aparezca y averigüe cuáles son sus políticas. Algunas revistas proporcionan servicios adicionales, como tarjetas de respuesta del lector, que le permitirán elaborar una lista de correos de personas interesadas en lo que usted ofrece.

Una de las desventajas de la publicidad en revistas es que el anuncio debe solicitarse con mucha anticipación a la publicación del ejemplar, lo que impide hacer cambios de último minuto. Usted tiene muy poco control sobre la sección en la que aparecerá su anuncio. En general, los artículos costosos no se venden bien con anuncios en revistas. Este tipo de publicidad es más apropiada para negocios de pedidos por correo y mercancía de marcas de renombre.

La publicidad en revistas tiene un alto grado de credibilidad y prestigio, y vale la pena considerarla como una opción para anunciarse.

La publicidad **en radio** es por lo común local, llega a una audiencia previamente seleccionada, se puede cambiar a menudo, está limitada a un texto breve, es relativamente costosa y se puede repetir a menudo. Su precio va de acuerdo con la duración del mensaje, el horario y la frecuencia de difusión. Existe la opción de que el locutor lea el anuncio en vivo o que se grabe por adelantado.

Hay dos tipos de programación de radio: de fondo y de primer plano. Los programas de fondo se difunden en las estaciones musicales; los de primer plano, en las estaciones de noticias y entrevistas. Los programas de primer plano tienen escuchas más activos que probablemente pondrán más atención a sus comerciales.

Se ha probado que es necesario atrapar la atención del escucha en los primeros tres segundos. Su anuncio se transmite en vivo o se graba por adelantado. Las tres quejas más importantes respecto a los comerciales de radio es que son ruidosos, tienen un humor insulso y carecen de sinceridad. Tenga esto en mente si usted escribe su propio comercial: hágalo sencillo y directo. Otro enfoque para la cobertura por radio de su negocio sería ofrecer su servicio como experto en su campo en un programa de entrevistas por radio, donde puede responder preguntas de los escuchas y hablar acerca de su negocio.

La publicidad por **televisión** llega a grandes áreas de marketing, es relativamente costosa y está limitada a textos breves. Esta forma de anunciarse suele ser altamente profesional y su precio va de acuerdo con la duración del mensaje, el horario y la frecuencia de difusión, la época del año y si la estación es independiente o miembro de una red.

El costo de la publicidad se basa en los puntos brutos de índice de audiencia (*Gross rating points,* o GRP). Un punto equivale al uno por ciento de todos los aparatos de televisión del área de marketing por televisión. El costo unitario del GRP lo determinan la situación competitiva, el tamaño de la zona y la época del año. Los costos de la publicidad pueden ser más altos durante la temporada de vacaciones, que en los Estados Unidos abarca de octubre a diciembre. El horario de mayor audiencia abarca de las 8 a las 11 p.m. y es más costoso. El "horario periférico" antes y después del horario de mayor audiencia puede ser más rentable para usted. No descarte la televisión por cable. Este medio resulta muy útil para los propietarios de pequeñas empresas. En muchas comunidades se presentan seminarios de bajo costo para enseñar a las personas a crear sus propios anuncios o programas de televisión por cable.

Es necesario que conozca cuáles medios tienen más posibilidades de influir en su audiencia objetivo y cuáles reporteros cubren su tipo de negocio. La biblioteca pública dispone de libros sobre fuentes de medios que contienen listas de periódicos, revistas y estaciones de radio y televisión. Averigüe cuáles son los programas que sus clientes ven. Las estaciones de televisión disponen de análisis demográficos y psicográficos de su audiencia, y casi todas realizan estudios de mercado para ayudar eficazmente a colocar los comerciales donde serán vistos por quienes están interesados en los productos y servicios que ofrecen.

La publicidad requiere planificación, tiempo, persistencia y dinero. Su verdadera eficacia se mide con el transcurso del tiempo. Es necesario recordar a su mercado objetivo cuáles son los beneficios que le reportará tener tratos con usted. Esta repetición tiene un efecto acumulativo: los clientes lo percibirán como un negocio establecido. Utilice la **Hoja de trabajo para publicidad** de las páginas 211 y 212 para proyectar los tipos de métodos que utilizará para anunciarse, cuál va a ser su costo y cuándo convendrá utilizarlos. El proceso de planificación se parece al dibujo de un plano: primero proyecte el esquema, enseguida complete los detalles y luego comience a construir el plan publicitario.

Promoción

Además de la publicidad pagada, no descuide la promoción. La promoción se ha definido como "publicidad gratuita". Investigue los medios impresos y las estaciones de radio y televisión de su zona con ayuda de su biblioteca local. Las referencias de medios que ahí encontrará le proporcionarán una lista de fuentes y nombres de contactos. Llame a los programadores de los programas de entrevistas de radio y televisión y a los editores de los periódicos y revistas de su zona. Pregúnteles si piensan presentar algún artículo o reportaje sobre el campo en el que usted se especializa. Si es así, ofrézcales sus servicios como experto que trabaja en esa área. Es posible que lo entrevisten y que presenten un perfil suyo, quizá pueda presentar un artículo para que se publique, o tal vez le convenga poner algunos anuncios bien enfocados de modo que coincidan con el reportaje. Si no tienen planes para un artículo o reportaje de este tipo, explíqueles por qué este tema sería oportuno e interesante para sus audiencias.

No basta simplemente con hablar acerca de su negocio. Es necesario que esté preparado para presentar un ángulo distintivo. Debe convencer al editor o programador de que lo que tiene que decir llamará la atención y será de interés para sus lectores, escuchas o televidentes. La información que usted presente y las ideas que plantee a los medios deben ser oportunas, importantes e interesantes para un segmento considerable de su audiencia.

Tal vez le convenga presentar un **comunicado de prensa** para dar a conocer a las personas quién es usted y lo que ofrece. Al elaborar un comunicado de prensa, los dos aspectos principales son el contenido y la estructura. Los comunicados deben ser tan breves como sea posible, sin que por ello dejen de incluir todos los hechos importantes. Haga su mejor esfuerzo para redactarlo en un buen estilo periodístico. Lea los comunicados en los medios noticiosos que le interesan y estudie su formato y su contenido. La redacción de noticias se apega al estilo de "pirámide invertida", en el cual cada párrafo se considera más importante que los que le siguen. La historia se escribe en orden descendiente de importancia. Esto significa que la noticia va por delante. Un lector ocupado cuyo interés no quede atrapado por el primer párrafo no leerá el segundo. En las páginas 212 a 215, se incluye lo siguiente: una forma de **Instrucciones para elaborar un comunicado de prensa**, un **Formato de comunicado de prensa** y un **Ejemplo de comunicado de prensa**.

Métodos alternativos

Además de la publicidad y la promoción, existen otros medios para hacer llegar a sus clientes el mensaje concerniente a su negocio. Se pueden montar **exposiciones** en actos orientados a la comunidad, como son las ferias de las ciudades, los eventos comunitarios y las reuniones de tipo cívico. Ésta es una forma positiva de presentar su producto o servicio al público comprador, que permite también obtener una valiosa retroalimentación.

La **participación en la comunidad** puede ser un medio eficaz para hacerse publicidad. El hecho de ser miembro de organizaciones cívicas puede preparar el camino para ser orador invitado. Una membresía activa proporciona la oportunidad de establecer redes de contactos.

El **trabajo en red** es el intercambio de ideas e información que tiene lugar todos los días entre las personas. Lo que usted va a hacer es orientar ese intercambio en beneficio propio y de quienes lo rodean. Cuanto más se reúna con la gente, más podrá promover su negocio, conocer a la comunidad empresarial que lo rodea y adquirir más confianza en sí mismo. Ser miembro de organizaciones cívicas y empresariales como la cámara de comercio es un medio excelente para conseguirlo.

La participación en **exposiciones y ferias comerciales** le permite aprovechar campañas de promoción que serían demasiado costosas para un pequeño negocio si las emprendiera por sí solo. Puede solicitar listas de eventos de este tipo en los centros comerciales y en los centros de convenciones. La participación en exposiciones comerciales y la membresía en organizaciones industriales le confieren visibilidad en su campo empresarial. Generalmente, a estas exposiciones sólo asisten quienes están interesados en un campo en particular, de modo que son un medio excelente para llegar al mercado objetivo. Una alternativa para reducir los costos es participar en una exposición cooperativa.

El **correo directo** puede ser un medio eficaz para entregar información específica de manera personal a un gran número de personas. El correo directo puede adoptar la forma de económicas hojas informativas, cartas, obsequios promocionales, concursos, cupones de descuento y folletos. Se puede usar para proponer compras por correo o por teléfono, para anunciar nuevos productos o servicios, notificar cambios de precios a los clientes, dar la bienvenida a nuevos clientes, agradecer a los clientes actuales y anunciar eventos especiales, como ventas de temporada. Para que esto sea rentable, es preciso enfocar bien el mercado. Alquile una buena lista de un especialista.

El **telemarketing** puede ser un medio eficaz para llegar a sus clientes. El teléfono puede utilizarse para establecer contacto con nuevos clientes, para mantener el contacto con los actuales y para aguijonear a quienes se han retrasado en sus pagos con un recordatorio personal. Las ventas por teléfono están bien establecidas en el marketing de empresa a empresa.

El telemarketing de empresa a consumidor es más eficaz cuando el propietario del negocio ha investigado cuidadosamente los aspectos demográficos y psicográficos de su base de clientes. Es más probable que los individuos que viajan solos al trabajo más de 35 minutos en un sentido, tienen un tocacintas en sus vehículos y están inscritos en un gimnasio se interesen por su cinta magnetofónica de 25 minutos titulada "Haga ejercicio mientras conduce", que los residentes de una comunidad de jubilados. Se pueden alquilar listas de correos bien enfocadas que incluyen números telefónicos.

Todos experimentamos lo que se conoce como "reticencia a llamar", e incluso los profesionales admiten que "llamar en frío" puede ser un poco intimidante. Usted puede superar esta reticencia y temor desarrollando una estrategia. Para tener éxito, el telemarketing tiene que ser organizado. Elabore un guión o esquema de los puntos clave de su oferta, prepare respuestas a las preguntas que piense que le pueden formular con más frecuencia, practique su mensaje o contrate y capacite personas capaces de hacer una presentación profesional. Es posible contratar empresas profesionales para llevar a cabo una campaña de este tipo.

Muchas compañías consiguen buenos resultados enviando un mensaje de presentación por correo que va seguido de una "llamada en caliente".

- Determine quién es la persona clave que toma decisiones y a la cual desea usted llegar.
- Envíe una carta, muestra u oferta de presentación.
- Llame antes de cumplirse una semana de recibirse el envío. (Su oficina de correos puede darle un tiempo estimado de entrega.)
- Si obtiene una respuesta positiva, haga el trato y envíe un mensaje de agradecimiento.
- Si obtiene una respuesta negativa, envíe una nota para agradecer el tiempo que le dedicaron y hacer saber a la persona que su empresa estará en total disposición de llenar sus necesidades en el futuro.

Esta estrategia permite combinar el telemarketing con el correo directo y ofrece la oportunidad de presentar a su empresa en tres ocasiones.

La **Sección Amarilla** del directorio telefónico es un medio eficaz para anunciarse. Toda persona que tiene teléfono cuenta con una copia de la Sección Amarilla. Usted dispone de una audiencia cautiva: estas personas buscan en el directorio porque tienen interés en lo que usted ofrece. Se trata de la forma de anunciarse de uso más difundido. La propietaria de un negocio afirma que, en cualquier semana en particular, la mitad de sus clientes acuden a su taller de reparación de relojes por su anuncio en la Sección Amarilla.

El personal de la compañía telefónica que promueve la publicidad es muy competente y le ayudará a diseñar un anuncio que presente su negocio de manera óptima. Tenga presente que los directorios se publican en diversos momentos del año; llame a la compañía telefónica para averiguar cuáles son las fechas límite.

Los **descuentos** constituyen otra forma de obtener clientes adicionales. Se pueden ofrecer descuentos a los clientes nuevos y a clientes que le envíen otros clientes. También es posible hacerlo mediante cupones y folletos. A todos nos agrada pensar que estamos ahorrando dinero.

Los **artículos de promoción**, como pueden ser camisetas, plumas, llaveros, bolsas de plástico para compras, calendarios, globos y calcomanías para el auto también pueden poner el nombre de su negocio ante el público. Los mejores materiales de promoción son los objetos útiles, y deben ir de acuerdo con el negocio que representan. Por ejemplo, el logo o el nombre del negocio en una camiseta es una forma eficaz de anunciar un negocio relacionado con actividades al aire libre, como un taller de bicicletas o un fabricante de cometas. Las plumas serían un buen artículo para un fabricante de tarjetas para notas y papelería. Los globos podrían representar a una compañía especializada en artículos para niños. Sea creativo en el uso de esta forma de anunciarse.

El **marketing en la Internet** ha sido objeto de mucha atención últimamente. Muchas compañías se apresuran a elaborar su "página" *(home page)* y a poner sus folletos y catálogos en línea para que los clientes puedan hojearlos, seleccionar productos, formular preguntas y hacer pedidos usando sus computadoras caseras o de la oficina. La Internet puede ser una forma estupenda de dar servicio a sus clientes actuales o de atraer nuevos clientes.

El propietario de empresa prudente debe considerar este método de marketing en rápido desarrollo formulándose primero ciertas preguntas clave:

- ¿Cuál es el mensaje que se desea transmitir?
- ¿Qué formato va a tener el material?
- ¿Quién va a crear la "página"?
- ¿Cuánto costará?
- ¿Quién va a vigilar, evaluar y responder a los clientes?
- ¿Tienen mis clientes acceso a la Intenet?
- ¿Esperan encontrar mi producto o servicio en esta zona?

Familiarícese con el marketing en línea mientras la oportunidad está todavía en su infancia. Muchas escuelas profesionales comunitarias y Centros para el Desarrollo de la Pequeña Empresa ofrecen talleres y seminarios de bajo costo sobre la Internet y la World Wide Web. La decisión de comercializar a través de este medio ha de tomarse con base en un buen conocimiento del mismo.

Resumen

En resumen, estudie la publicidad y promociones que atraigan su atención. Procure analizar los anuncios de éxito elaborados por profesionales, para darse una idea de cómo proyectar los propios. Su publicidad debe ser de la más alta calidad posible y tan profesional como se lo permita su presupuesto. Su publicidad lo representa a usted y a su negocio y causa una impresión en el público.

Toda promoción tiene un costo. La publicidad constituye un gasto necesario para establecer, mantener y expandir su negocio. Acaso le resulte difícil decidir cuánto dinero conviene gastar en anunciar un producto o servicio. El monto de su presupuesto para publicidad debe ser determinado por sus objetivos de ventas de largo plazo y también inmediatos. Aunque la proporción del ingreso que se gasta en publicidad varía según el tipo de negocio, en promedio es el 1.5 por ciento. La Small Business Administration sugiere que lo importante no es la cantidad que se gasta, sino cómo se gasta. La regla práctica es que el costo de anunciarse debe estar compensado por un aumento consecuente en las utilidades. Contemple estos costos como una inversión en el futuro de su compañía y elija los métodos que mejor puedan llegar a su mercado objetivo. La publicidad debe ser rentable.

Es necesario evaluar la eficacia de todas las formas de promoverse y hacerse publicidad. Para ayudarle con este análisis, en las páginas 216 y 217 se incluye una forma de **Registro de respuesta a la publicidad** y una de **Registro de seguimiento a la promoción**. Con base en esta información, determine qué forma de anunciarse ha funcionado mejor para su negocio. Elimine los métodos que no hayan probado ser eficaces y transfiera esos fondos a un área más productiva. Después de evaluar distintos modos de anunciarse, elabore un plan individual para su negocio.

Hoja de trabajo para publicidad

Nombre del negocio: Artículos Deportivos As

1. ¿Cuáles son las características y los beneficios que ofrece mi producto o servicio?
Personal capacitado y competente; abierto hasta las 9 p.m. entre semana, de 1 a 5 p.m. los domingos; línea completa de productos deportivos, con especialidad en aparejos de pesca; se ofrecen clases de pesca con anzuelo; garantía de la casa del equipo deportivo.

2. ¿Cuál es mi audiencia?
Jóvenes, estudiantes preparatorianos y universitarios
Entusiastas activos de los deportes, de ingresos medios
Viven en un radio de 10 millas

3. ¿Cuál es mi competencia y cómo se hace publicidad?
Artículos Deportivos Sánchez; anuncios en radio KLXY
Envío de volantes por correo; anuncio en el periódico; suplemento dominical
Promociones; gorras, camisetas

4. ¿Cuáles son los objetivos de mi campaña de publicidad?
Llegar al mercado preparatoriano y universitario
Llegar al mercado juvenil
Llegar a los entusiastas de la pesca

5. ¿Cuánto pienso invertir en publicidad?
$1,300 al mes

6. ¿Qué métodos voy a emplear para anunciarme?

_X_ Periódicos	_X_ Volantes
__ Radio	__ Comunicado de prensa
__ Telemarketing	_X_ Sección Amarilla
_X_ Cupones	_X_ Correo directo
__ Revistas	__ Folletos
__ Televisión	_X_ Arts. promocionales
_X_ Otros Patrocinio de un equipo juvenil	

Hoja de trabajo para publicidad (*continuación*)

7. ¿Cuándo los voy a emplear y cúanto costarán?

Periódico: inicio 1/3/98 anuncio semanal x 5	$300/mes
Volantes por correo: 1/7/98 y 1/14/98	$550 en total
Equipo juvenil: 1/26/98	$150/mes
Artículos de promoción: 1/16/98	$100/mes
Anuncio en S. Amarilla: 1/25/98 (dir. de marzo)	$200/mes

8. ¿Cómo voy a medir la eficacia del plan de publicidad?

A. Preguntando a los clientes cómo supieron de la tienda.

B. Comparando costos e ingresos con el Registro de respuesta a la publicidad.

   1. Cambiando o eliminando métodos que cuestan más que el ingreso que generan.

   2. Ajustando o aumentando el presupuesto para incluir anuncio en radio, folleto, anuncio más grande en Sección Amarilla y anuncios en periódicos.

Instrucciones para elaborar un comunicado de prensa

Identificación: el negocio que envía el comunicado se debe identificar perfectamente. Use papel membretado o formas impresas de comunicado de prensa. En la parte superior de la página deberá aparecer el nombre y número telefónico de una persona a quien contactar y que proporcionará información adicional.

Fecha del comunicado: casi todos los comunicados deben ser "inmediatos" o "para uso al recibirse". Designe un momento específico para su difusión sólo si existe una razón específica, como una plática o reunión programadas, una presentación de noticias o un evento planificado.

Márgenes: deje márgenes amplios y espacio en la parte superior para que el editor pueda hacer modificaciones e incluir notas.

Instrucciones para elaborar
un comunicado de prensa *(continuación)*

Encabezados: el encabezado que usted presente tendrá como objetivo resumir el texto. Los medios de comunicación por lo general elaboran su propio encabezado.

Extensión: casi todos los comunicados de prensa son de una página. Si el suyo es más largo, escriba los puntos destacados en un memorándum informativo anexo e incluya el comunicado de prensa como material complementario.

Estilo: use el resumen como guía y las cinco preguntas clave (quién, qué, cuándo, dónde, por qué y, a veces, cómo.) Escriba a doble espacio y use enunciados cortos con verbos activos. Asegúrese de que sea exacto, oportuno y honesto. Procure emplear un estilo objetivo de redacción. Si utiliza más de una página, no divida un párrafo de la primera a la segunda página. Centre la palabra "Continúa" al final de la primera página.

Revise y vuelva a revisar: verifique cuidadosamente los nombres, la ortografía, los números y la gramática.

Entrega: su comunicado de prensa deberá estar en manos de los editores mucho antes del plazo previsto. Póngase en contacto con el editor de asignaciones o el editor del tema con quien esté trabajando para aclarar los plazos y planes de publicación.

Final: escriba "30" o ### al final del comunicado.

Los comunicados de prensa deben escribirse a máquina, con nitidez, en papel de tamaño carta, y entregarse personalmente o enviarse por correo de primera clase al contacto designado en el medio de comunicación.

Formato para comunicado de prensa

(Escriba a máquina en papel membretado o en forma de memorándum informativo de la compañía)

PARA: dirigido al editor o reportero.

DE: su nombre, dirección y número telefónico.

RE: una declaración de uno o dos enunciados respecto al reportaje que usted sugiere, el evento al que invita a los reporteros, la reunión, clase o seminario que ha programado, u otro propósito del comunicado de prensa.

HORA Y FECHA: especifique la hora, el día y el año del evento, o de publicación del comunicado.

LUGAR: especifique el lugar, e incluya instrucciones para llegar si la ubicación no es conocida o fácil de encontrar.

POR QUÉ: usted debe tener una razón para presentar el comunicado de prensa o realizar el evento.

CONTACTO: el nombre y número telefónico de una persona con la que el editor de noticias o los reporteros puedan ponerse en contacto si tienen preguntas acerca del comunicado de prensa.

Ejemplo de comunicado de prensa

(Escriba a máquina en papel membretado o en una forma de comunicado de prensa de la compañía)

COMUNICADO DE PRENSA

6 de septiembre de 1998   Contacto: David Blasco
Para difusión inmediata   (555) 613-7965

Demostración y concurso de pesca con anzuelo

Juan Bernal, conocido pescador con anzuelo de la localidad, hará una demostración de técnicas de lanzamiento de anzuelo en seco y en húmedo y será el juez de un concurso que tendrá lugar en el estacionamiento de Artículos Deportivos As el sábado 26 de septiembre de 1998, de las 10 a.m. a las 4 p.m.

El propietario de As, David Blasco, comentó que la popularidad del libro y la película titulados **Un río lo atraviesa** ha dado origen a un mayor interés por el deporte de pesca con anzuelo. El señor Blasco anunció que la cuota de participación en el concurso es de $5 y que el producto se destinará al Ala Infantil del Hospital Santa Fe. Todos los concursantes recibirán un cupón de descuento del diez por ciento para la tienda de artículos deportivos.

Después de recibir instrucciones del señor Bernal, se juzgará a los concursantes en cuanto a forma, distancia y precisión. Los premios incluyen pases de teatro, cupones para cenas y boletos para eventos deportivos. El concurso está abierto para todo el que desee participar. Informes y preinscripciones en Artículos Deportivos As, 271 Adams St., Blair, NY, o por teléfono al (555) 613-7965.

Registro de respuesta a la publicidad

Nombre de la compañía: Artículos Deportivos As — Enero de 1998

Tipo de anuncio	Fecha de publ.	Costo	Circulación	Núm. de respuestas	Ingreso generado
Periódico El Registro, 1 x 2 cm, sección deportiva	Semanal 1/3, 1/10, 1/17, 1/24, 1/31	$300.00	15,000	Respuestas a los cupones al final del mes - 264 Pedidos por teléfono - 26	$6,600.00 $520.00
Volantes con cupón de 10% de descuento - preparatoria, universidad	Por correo 1/7/98	$350.00	750	10	$260.00
Volantes con 10% de descuento para pescadores	Por correo 1/14/98	$200.00	500	96	$1,152.00
Patrocinio de equipo juvenil, gorras/ camisetas con el nombre de la tienda	1/26/98	$500.00	12	6 miembros del equipo compraron aparejos con 20% de descuento	$135.00

En este ejemplo, el anuncio en el periódico, que incluía el cupón de diez por ciento de descuento, generó un ingreso de $7,120 con un gasto de $300. Analizando la respuesta a la publicidad en el periódico con el paso del tiempo, el propietario de Artículos Deportivos As podrá determinar si el interés inicial se debió a curiosidad por conocer una nueva tienda o si hay una respuesta continua a esta forma de anuncio. Los volantes de descuento enviados por correo a los estudiantes de preparatoria y universidad no tuvieron buenos resultados. Los enviados a una lista de correos de pescadores fueron más eficaces: a un costo de $200, se obtuvo una respuesta de 96 nuevos clientes que gastaron $1,152. El patrocinio de un equipo deportivo juvenil causó aparentemente una pequeña pérdida, pero la buena voluntad y la visibilidad generadas la compensan. La respuesta a sus publicidad deberá analizarse a lo largo de la vida de la empresa. Este tipo de análisis le ayudará a determinar cuál es el uso óptimo del dinero destinado a publicidad.

Registro de seguimiento a la promoción

Nombre de la compañía: Artículos Deportivos As

Nombre del medio	Persona contacto	Dirección	Fecha	Material enviado	Seguimiento	Respuesta	Resultados	Notas
Radio KRTZ "Noticias de la ciudad"	Jaime Bello, Dir. Prog. 555-8120	722 Main Baker, MD 20601	9/9/98	Memo informativo Equipo de promoción	Llamada 9/16	9/18 Participación en prog. de entrevistas del 10/2, 7-9 p.m.	15 llamadas tomadas al aire, 160 solicitudes de folleto	Concentrarse en: inicio de temporada de pesca. Preparación de anzuelos y pesca con anzuelo.
Periódico La Tribuna	Ana Méndez, Ed. deportes. 555-6125	621 6th St. Baker, MD 20603	9/10/98	Comunicado de prensa Equipo de promoción	Llamada 9/17	9/20 Envío de artículo de 500 palabras	Artículo impreso 9/27, 200 solicitudes de folleto	Concentrarse en: interés actual en deporte alternativo.
Revista de la ciudad de Orange	Karina Barrera, Reportera. 555-7093	724 Adams Baker, MD 20603	9/10/98	Foto del Equipo de promoción	Llamada 10/22	No hay interés por el momento		Concentrarse en: apertura de nuevo negocio.
Noticias Vespertinas de Cable Metropolitano	David Calvo, Dir. Prog.. 555-6201	2664 Bryan Baker, MD 20601	10/15/97	Foto del Equipo de promoción		Filmarán preparación de anzuelo 6 p.m. el 10/25		Concentrarse en: negocio local singular.

La evaluación de los resultados de su campaña publicitaria le ayudará a decidir cuál es el uso más eficiente del dinero que destina a este renglón. La presentación en *Radio KRTZ* originó 15 llamadas al aire y 160 solicitudes de folleto fuera del aire. El material enviado a los escuchas se debe codificar para seguir el rastro de las respuestas. Si se utilizan los cupones o se reciben inscripciones de este grupo, quizá convenga pensar en anunciarse en la estación. Es necesario considerar el mismo seguimiento en el caso del artículo periodístico. Aunque la revista de la ciudad de Orange no muestra interés por ahora, conviene mantener el contacto y presentar un nuevo ángulo más adelante.

PLANIFICA TU NEGOCIO: LA CLAVE DEL ÉXITO

El propósito de este paso es convencerlo de la necesidad de redactar un plan de negocios y proporcionarle información básica acerca de la planificación empresarial. También le presentaremos un esquema básico que incluye los componentes de un plan bien redactado.

La falta de una planificación adecuada es una de las razones principales del fracaso de los negocios. Cuando se considera el concepto de planificación de negocios, parecen surgir siempre tres hechos cruciales:

1. **Todos los prestamistas e inversionistas exigen un plan de negocios.**
2. **Todas las empresas operarían de manera más rentable con un plan de negocios.**
3. **La mayoría de los propietarios de empresas no saben cómo redactar un plan de negocios triunfador.**

Hemos impartido talleres de administración de negocios para empresarios durante varios años y encontramos que ninguna otra tarea parece causar más consternación y temor que la de enfrentar la ominosa labor de elaborar un plan de negocios. De hecho, la mayoría de los nuevos propietarios de empresas siguen adelante sin tener la seguridad de que una buena idea, el entusiasmo y el deseo de alcanzar sus metas será suficiente para asegurar el éxito de su empresa.

Por desgracia, esta manera de pensar tiene una falla importante: la mayoría de los propietarios de empresas no son expertos en todas las fases de sus industrias específicas y, por consiguiente, no tienen los conocimientos suficientes para tomar las mejores decisiones y visualizar los cambios que tendrán que hacerse en el futuro. La planificación del negocio es la manera más eficaz de superar esta deficiencia y permitir la organización de la toma de decisiones siguiendo un proceso lógico. Casi todos los dueños de un negocio aman su empresa, pero tienen la esperanza de evitar todo lo que tenga que ver con el papeleo.

Muy pronto veremos que alrededor del 20 por ciento del tiempo de un propietario de empresa se emplea en trabajar directamente con su producto o servicio; el otro 80 por ciento se ocupa en llevar a cabo todas las labores gerenciales y de diversos tipos que es preciso realizar para que el negocio continúe funcionando.

¿Por qué elaborar un plan de negocios?

La redacción de un plan tiene dos propósitos principales. ¿Cuáles son, y por qué son tan importantes como para hacer que usted se decida a elaborar uno?

1. Servir como guía durante la vida de su negocio: ésta es la razón más importante para redactar un

plan de negocios.. Esta tarea le obligará a reflexionar en todo lo que entra en juego para que su negocio sea un éxito. El plan también le proporcionará un medio para analizar periódicamente lo que ocurre en su compañía y le brindará una base sólida para tomar decisiones y realizar cambios. En resumen, este documento es un plano de su negocio y le servirá para mantener el camino correcto. Si dedica tiempo a hacer planes por adelantado, evitará muchas trampas y eliminará frustraciones innecesarias.

2. Satisfacer los requisitos para dar garantías a acreedores e inversionistas: si usted tiene pensado buscar fondos a crédito o capital de riesgo, se le solicitará la presentación de documentos bien fundamentados en forma de un plan de negocios.

Ya pasó la época en que su banco local le concedía un préstamo por ser usted una persona digna de confianza con una idea empresarial atractiva. El mundo es más complejo, la economía es estricta y el banco tiene que disponer de la documentación completa que justifique su crédito. Recuerde, el banquero es el guardián del dinero de sus clientes. Si su plan de negocios es realista y cuenta con la documentación financiera completa que indique que la empresa podrá rembolsar el crédito más los intereses, existe una base para prestarle los fondos que necesita para el funcionamiento o expansión de su negocio. Esto también se aplica a los capitalistas de empresas de riesgo que invierten en su negocio a cambio de una participación del mismo.

Su plan de negocios proporcionará a los prestamistas e inversionistas potenciales información detallada sobre todos los aspectos de las operaciones pasadas y actuales de la compañía y de las proyecciones para el futuro. Este documento expone en detalle la manera como la inversión o crédito deseado va a favorecer las metas de la compañía. Todo prestamista o inversionista desea saber cómo aumentará el préstamo el valor de la compañía. Su plan de negocios deberá explicar en detalle el uso que se va a dar al dinero y la forma como el mismo habrá de mejorar la rentabilidad de la empresa.

Revisión del plan de negocios

El hecho de elaborar un plan no significa que nunca podrá desviarse del mismo. En realidad, para que su plan funcione, bien sea para el negocio o para un prestamista potencial, será necesario actualizarlo con regularidad. Constantemente ocurren cambios en su industria, en la tecnología y en sus clientes. Usted, como propietario, debe estar al tanto de lo que sucede en relación con su empresa en particular y con su industria en general, y debe estar preparado para tomar las medidas necesarias para mantenerse al frente de su competencia. Es conveniente examinar cada trimestre lo que ha sucedido en su negocio, tomar decisiones respecto a lo que se puede hacer mejor y revisar su plan de modo que refleje los cambios que desee poner en práctica.

Formato de un plan de negocios de éxito

Un factor que también advertimos en relación con la planificación de un negocio es que casi todos los seminarios especializados se enfocan marcadamente en las razones por las que usted debe contratar un planificador profesional (por lo común esa compañía). Desde que estamos en el negocio del software, también nos hemos enfrentado con un gran despliegue publicitario que afirma que usted puede instalar su software de planificación de negocios y crear un plan en unas cuantas horas.

El hecho es que la redacción de un plan de este tipo requiere muchos días y quizá hasta meses, según la complejidad de la empresa. Pero eso sí, usted puede elaborarlo por su cuenta y, si lo hace, conocerá su negocio mejor aún antes de terminarlo. Es mucha la investigación que se tiene que hacer. Incluso si contrata a un planificador profesional, se le pedirá que proporcione información y estadísticas que es necesario incluir en el plan de negocios. Esta etapa comprende alrededor del 80 por ciento del trabajo. El otro 20 por ciento es cuestión de conocer cómo integrar la información en un plan legible.

Gran parte de la confusión tiene su origen en el hecho de que la mayoría de los propietarios no saben qué elementos incluir ni cómo organizar su información en un orden lógico. Como lo expresó uno de nuestros estudiantes, "Si Dios tuviera cajas llenas de brazos, piernas, cabezas y otras partes, y careciera de instrucciones para armar un ser humano, quizá tendríamos un aspecto curioso y no muy funcional. Pienso que un plan de negocios es lo mismo". Esta persona tenía razón. Para que funcione, un plan de negocios no sólo debe tener todas las partes necesarias, sino que las mismas deben estar integradas en un molde funcional. Cuando redacte el suyo, deberá tratar temas específicos en un orden particular. También es necesario mantener una continuidad total entre todas sus secciones. Todo lo que usted documente en las secciones de texto ha de reflejarse en los documentos financieros.

La mejor adquisición que puede hacer en este sentido es un paquete eficaz y autónomo de software de planificación de negocios que lo guíe a través del proceso completo y le permita elaborar su plan financiero con hojas de cálculo previamente formuladas y formateadas.

Perfil de un plan de negocios

adaptado de: *Anatomy of a Business Plan, Third Edition*
Chicago: Upstart Publishing Co., 1996
y
Automate Your Business Plan 6.0
Out of Your Mind... And Into the Marketplace,
Tustin, CA, 1996

Portada
(La página del título de su plan)
La portada debe contener el nombre, dirección y teléfono del negocio y los nombres, direcciones y teléfonos de todos los propietarios o funcionarios corporativos; también debe indicar quién elaboró el plan de negocios así como la fecha de elaboración o revisión. Para ayudarse a llevar la cuenta de las copias entregadas a instituciones crediticias, marque cada portada con un número de copia.

Enunciado del propósito
(El enunciado de la tesis o el resumen ejecutivo)
El enunciado del propósito sintetiza su plan y expresa sus objetivos. Si busca usted fondos a crédito o capital de inversión, deberá enumerar sus necesidades de capital y describir el uso que piensa dar al dinero, el beneficio que los fondos prestados representarán para el negocio y cómo piensa reembolsar el préstamo o entregar utilidades al inversionista.

A medida que redacte su plan, muchas ideas previas cambiarán y se desarrollarán otras nuevas. Por consiguiente, resulta mejor formular el enunciado del propósito después de redactar el plan. El enunciado debe ser conciso y de no más de una página.

Índice general
(Lista del contenido del plan con números de página)
La inclusión de un índice general permite al lector pasar sin dificultad de una sección del plan a otra al verificar información.

Por ejemplo: si un prestamista lee la información financiera referente a publicidad en un estado de flujo de caja proforma, puede usar el índice general para localizar la sección de publicidad si desea encontrar datos específicos respecto a dónde se piensa anunciar el negocio y cómo se va a gastar el presupuesto correspondiente. El índice general incluye también la referencia a la página de la sección de documentos de apoyo que contiene las tarifas de anuncios que respaldan esa parte del plan.

Perfil de un plan de negocios *(continuación)*

Parte I: El plan de organización
(Primera sección principal de su plan de negocios)
Esta sección contiene información sobre la estructura administrativa de su empresa; incluye aspectos como una descripción del negocio, su estructura jurídica, quiénes integrarán la dirección y el personal, dónde estará ubicado si esto no está ligado al marketing, cómo se llevará la contabilidad, con qué seguros contará y qué medidas de seguridad se adoptarán para proteger el inventario y la información.

Parte II: El plan de marketing
(Segunda sección principal de su plan de negocios)
El plan de marketing debe contener información sobre su mercado total y poner énfasis en el mercado objetivo. Incluya información referente a su mercado objetivo y a la competencia. Usted deberá tomar decisiones como la promoción de su producto o servicio, sus precios, el momento de entrada al mercado y dónde deberá ubicarse si ello está ligado al marketing. También deberá analizar las tendencias actuales de la industria.

Parte III: Documentos financieros
(Tercera sección principal del plan de negocios)
Los documentos financieros traducen la información de las dos primeras secciones del plan a cifras financieras que se pueden usar para analizar el negocio y tomar decisiones encaminadas a una mayor rentabilidad.

Esta sección deberá contener estados financieros proforma (proyectados), estados reales (históricos) y un análisis de estados financieros. Incluya un estado de flujo de caja proforma, una proyección de ingresos a tres años, un análisis de punto de equilibrio, un análisis del presupuesto trimestral, un estado de pérdidas y ganancias, un balance general y un resumen de proporción del análisis de estados financieros. Si piensa acudir a un prestamista o inversionista, también necesitará un resumen de necesidades financieras, un estado de dispersión de fondos a crédito y un historial financiero.

Parte IV: Documentos de apoyo
(Documentos a los que se hace referencia en las tres secciones principales del plan de negocios y que se utilizan para respaldar lo que se afirma en las mismas)

Esta sección debe incluir: historiales personales del propietario o director, estados financieros personales, artículos de convenios de constitución en sociedad, contratos jurídicos, convenios de arrendamiento, documentos de propiedad intelectual (derechos de autor, marcas comerciales y patentes), cartas de referencia, datos demográficos y cualquier otro documento pertinente para apoyar el plan.

Paso 19

APROVECHA LOS RECURSOS DISPONIBLES PARA EL PEQUEÑO NEGOCIO

La Small Business Administration

La Small Business Administration (Administración para la pequeña empresa) de los Estados Unidos es un organismo gubernamental independiente creado por el Congreso en 1953 para ayudar, asesorar y representar a la pequeña empresa. Las estadísticas muestran que casi todos los fracasos de las empresas pequeñas se deben a una mala dirección. Por tal razón, la SBA pone especial énfasis en proporcionar asesoría individual, cursos, conferencias, talleres y publicaciones y capacitar al propietario de un negocio nuevo o ya establecido en todas las facetas del desarrollo de la empresa, con el objetivo principal de mejorar su capacidad gerencial.

La asesoría se provee a través del Cuerpo de servicio de ejecutivos jubilados (*SCORE: Service Corp of Retired Executives*), los Institutos para la pequeña empresa (*SBI:Small Business Institutes*), los Centros para el desarrollo de la pequeña empresa (*SBDC: Small Business Development Centers*), y numerosas asociaciones profesionales. La SBA se esfuerza por hermanar la necesidad de un negocio específico con la pericia disponible.

La capacitación en dirección de empresas abarca temas como la planificación, las finanzas, la organización y el marketing, y se lleva a cabo en cooperación con instituciones educativas, cámaras de comercio y asociaciones industriales. Se realizan con regularidad talleres de preparación para los negocios dirigidos a propietarios de empresas en ciernes. Se llevan a cabo otros programas de capacitación enfocados a necesidades especiales, como el desarrollo rural, las empresas juveniles y el comercio internacional. El siguiente es un breve resumen del contenido de estos programas.

El **SCORE** es un programa de voluntarios de 13 mil personas con más de 750 oficinas. El SCORE ayuda a las pequeñas empresas a resolver sus problemas de operación mediante sesiones de asesoría personal y un sistema bien establecido de talleres y sesiones de capacitación. La asesoría de SCORE es gratuita.

Los **Small Business Institutes (SBI)** se organizan a través de la SBA en más de 500 planteles universitarios. En cada SBI, estudiantes de último año y de posgrado, de las escuelas de administración de empresas, en conjunto con profesores, ofrecen consultoría en administración. Además de asesorar a empresas individuales, las escuelas proporcionan asistencia para el desarrollo económico de las comunidades. Los estudiantes tienen como guía a profesores asesores y a personal del SBA y reciben crédito académico por su trabajo.

Los **Small Business Development Centers (SBDC)** obtienen sus recursos de programas locales, estatales y federales, del sector privado y de instalaciones universitarias. Estos centros proporcionan ayuda técnica y gerencial, estudios de investigación y otros tipos de asistencia especializada. Por lo general se localizan en instituciones académicas y brindan asesoría individual y capacitación técnica a propietarios de pequeñas empresas.

Publicaciones: Business Development tiene más de 100 publicaciones empresariales disponibles por una cuota nominal, las cuales se ocupan de las cuestiones más importantes que plantean los propietarios de negocios actuales y en ciernes. Se puede obtener una copia gratuita del *Directory of Small Business Publications* (Directorio de publicaciones para la pequeña empresa) en la oficina local de la SBA o llamando al Small Business Answer Desk al 1-(800)-827-5722. Cuando llame, utilice un teléfono giratorio, hable con un representante y solicite un *Directory of Publications* (Directorio de publicaciones), o bien, póngase en contacto con la oficina distrital o zonal de la SBA o de SCORE.

Otros recursos federales

La Government Printing Office (GPO: Oficina de imprenta gubernamental) cuenta con diversas publicaciones sobre administración de empresas y otros temas afines. Existen librerías de la GPO en 24 ciudades importantes, mismas que se localizan en la Sección Amarilla bajo el encabezado de "Librería" *(Bookstore)*. Si lo desea, solicite una *Subject Bibliography* ("Bibliografía de temas") a: Government Printing Office, Superintendent of Documents, Washington, DC 20402-9371.

Muchos organismos federales ofrecen publicaciones de interés para la pequeña empresa. Algunas de ellas tienen un costo nominal, pero casi todas son gratuitas. A continuación presentamos una lista parcial de organismos gubernamentales que suministran publicaciones y otros servicios dirigidos a la pequeña empresa. Para obtenerlos, póngase en contacto con las oficinas regionales que aparecen en el directorio telefónico o escriba a las direcciones siguientes:

Bureau of the Census (Oficina del Censo)
Public Information Office
U.S. Department of Commerce
Washington, DC 20233
(301)763-4051

Bureau of Consumer Protection (Oficina de Protección al Consumidor)
Division of Special Statutes
6th Street & Pennsylvania Ave., NW
Washington, DC, 20580

Solicite información sobre rotulado de productos y requisitos de empaque.

Consumer Information Center (CIC) (Centro de Información al Consumidor)
P.O. Box 100
Pueblo, CO 81002

El CIC ofrece un catálogo de información al consumidor sobre publicaciones federales.

Consumer Product Safety Commission (CPSC) (Comisión de Seguridad para Productos de Consumo)
Bureau of Compliance
5401 Westbard Avenue
Bethesda, MD 20207
(800) 638-2772 (mensaje grabado)

La CPSC ofrece orientación en cuanto a requisitos de seguridad de los productos.

Copyright Office, LM 455 (Oficina de Derechos de Autor)
Library of Congress

Washington, DC 20559
(202) 707-3000 (Especialista en Información sobre Derechos de Autor)
(202) 707-9100 (Solicitudes de formas y circulares)

Publicaciones sobre derechos de autor (lista parcial):

Circular 1:   *Copyright Basics* (Aspectos básicos de los derechos de autor)

Circular 2:   *Publications on Copyright* (Publicaciones sobre derechos de autor)

Circular 3:   *Copyright Notice* (Leyenda de derechos de autor)

Circular 22:   *How to Investigate the Copyright Status of a Work* (Cómo investigar la situación de derechos de autor de una obra)

Circular 40:   *Copyright Registration for Works of the Visual Arts* (Registro de derechos de autor para obras de las artes visuales)

Circular 40a: *Deposit Requirements for Registration of Claims to Copyright in Visual Arts Material* (Requisitos de depósito para el registro de demandas de derechos de autor de materiales de las artes visuales)

Copyright Information Kits (Juegos de información sobre derechos de autor) (lista parcial). Cada juego contiene material relacionado con su título e incluye circulares, anuncios y formas de solicitud. Los juegos están ordenados por número:

Kit 109: Libros
Kit 113: Programas de computadora
Kit 116: Búsquedas de derechos de autor
Kit 108: Juegos
Kit 107: Fotografías
Kit 121: Grabaciones sonoras

Data User Services Division (División de Servicios al Usuario de Datos)
Customer Services

Bureau of the Census
Washington, DC 20233
(301) 763-4431

Federal Trade Commission (Comisión Federal de Comercio)
Office of Consumer Affairs
Washington, DC 20233

Solicite reglas de prácticas comerciales y requisitos de rotulado aplicables a su negocio o línea de productos.

National Institute of Standards & Technology (Instituto Nacional de Normas y Tecnología)
U.S. Department of Commerce
Gaithersburg, MD 20899

Office of Inventions and Innovations (Oficina de Inventos e Innovaciones)
National Bureau of Standards
Washington, DC 20234

Solicite un listado de las principales exposiciones de inventores en Estados Unidos.

U.S. Patent and Trademark Office (Oficina de Patentes y Marcas de los Estados Unidos)
Assistant Commissioner for Trademarks
2900 Crystal Drive
Arlington, VA 22202-3513
(703) 557-INFO
(703) 308-4357

Basic Facts about Patents (Datos básicos sobre patentes)
Basic Information about Trademarks (Información básica sobre marcas comerciales)

U.S. Department of Agriculture (USDA) (Departamento de Agricultura de los Estados Unidos)
12th Street and Independence Avenue, SW
Washington, DC 20250

Ofrece publicaciones y programas empresariales a través de oficinas de extensión en los condados de todo el país.

U.S. Department of Commerce (DOC) (Departamento de Comercio de los Estados Unidos)
Office of Business Liaison (Oficina de coordinación empresarial)
14th Street and Constitution Avenue, NW
Room 5898C
Washington, DC 20230

El DOC suministra listados de oportunidades de negocios disponibles en el gobierno federal.

U.S. Department of Labor (DOL) (Departamento del Trabajo de los Estados Unidos)
Employment Standards Administration (Administración de normas laborales)
200 Constitution Avenue, NW
Washington, DC 20210

El DOL ofrece publicaciones sobre el cumplimiento de las leyes laborales.

U.S. Department of Treasury (Departamento del Tesoro de los Estados Unidos)
Internal Revenue Service (IRS) (Oficina del Ingreso Sobre la Renta)
P.O. Box 25866
Richmond, VA 23260
(800) 424-3676

El IRS ofrece información sobre requisitos fiscales para la pequeña empresa.

U.S. Environmental Protection Agency (EPA) (Organismo para la Protección del Ambiente de los Estados Unidos)
Small Business Ombudsman (Vocero de las Pequeñas Empresas)

401 M Street, SW (A-149C)
Washington, DC 20460

La EPA ofrece más de 100 publicaciones orientadas a ayudar a los propietarios de pequeños negocios a entender cómo cumplir con las normas de la EPA.

U.S. Food and Drug Administration (FDA) (Administración para Alimentos y Fármacos de los Estados Unidos)
FDA Center for Food Safety and Applied Nutrition (Centro FDA para Protección de los Alimentos y Nutrición Aplicada)
200 Charles Street, SW
Washington, DC 20402

La FDA ofrece información sobre requisitos de empaque y rotulado para alimentos y productos relacionados con los alimentos.

Asociaciones y organismos

American Management Association (Asociación Estadunidense de Administración de Empresas)
135 West 50th Street
New York, NY 10020

Brinda asistencia en administración de empresas, incluso cursos en audiocasetes para estudio en casa.

American Marketing Association (Asociación estadunidense de marketing)
250 Wacker Drive, Suite 200
Chicago, IL 60606

Publica bibliografías con notas sobre temas importantes de marketing, lleva a cabo seminarios y otros programas educativos.

Association of Collegiate Entrepreneurs (ACE) (Asociación de Empresarios Colegiados)

342 Madison Avenue, #1104
New York, NY 10173

Los miembros del ACE son empresarios estudiantes y la organización realiza conferencias regionales y nacionales, además de actuar como centro de intercambio de información para jóvenes fundadores de empresas.

Direct Marketing Association (Asociación de Marketing Directo)
1120 Avenue of the Americas
New York, NY 10036
(212) 768-7277

Estudia las actitudes del consumidor y de las empresas hacia el correo directo e información relacionada con el marketing directo.

Incubators for Small Business (Incubadoras de la Pequeña Empresa)
Office of Private Sector Initiatives, SBA
1441 L Street NW, Room 317
Washington, DC 20416

International Council for Small Business (Consejo Internacional para la Pequeña Empresa)
U.S. Association for Small Business and Entrepreneurs (Asociación Estadunidense para la Pequeña Empresa y sus Propietarios)
905 University Avenue, Room 203
Madison, WI 53715

Organización profesional para educadores y empresarios interesados en el desarrollo de la pequeña empresa.

Manufacturer's Agents National Association (Asociación Nacional de Agentes de Fabricantes)
23016 Mill Creek Road
Laguna Hills, CA 92654

National Association of Women Business Owners (NAWBO)
(Asociación Nacional de Mujeres Propietarias de Empresa)

1377 K Street NW, Suite 637
Washington, DC 20005
(301) 608-2590

Ayuda a ampliar las oportunidades para las mujeres en los negocios ofreciendo talleres y seminarios, proporcionando información y servicios de referencia a sus miembros y manteniendo una base de datos de negocios propiedad de mujeres.

National Association of Wholesalers-Distributors (Asociación Nacional de Mayoristas y Distribuidores)
1725 K Street, NW
Washington, DC 20006

National Federation of Independent Business (Federación Nacional de Empresas Independientes)
600 Maryland Avenue SW, Suite 700
Washington, DC 20024

La asociación de pequeñas empresas más grande de los Estados Unidos, con más de 500 mil miembros dueños de negocios. Además de representar los intereses de las pequeñas empresas ante los gobiernos estatales y federal, este organismo distribuye información y publicaciones educativas y organiza conferencias.

National Mail Order Association (Asociación Nacional de Pedidos por Correo)
2807 Polk Street NE
Minneapolis, MN 55418
(612) 788-1673

Ofrece a quienes se dedican al marketing directo información sobre nuevos productos, técnicas, listas de correos y otros datos que mejoran las ventas y la respuesta al sistema de pedidos por correo.

R. L. Polk
431 Howard Street
Detroit, MI 48231
(313) 961-9470

Alquila listas para correo directo.

Libros y publicaciones

Los libros de Upstart están disponibles a precios especiales para su uso como premios, en promociones de ventas o en programas corporativos de capacitación, etc. Si desea mayor información o un catálogo gratuito, por favor escríbanos a Dearborn Financial Publishing, Inc. 155 N. Wacker Drive, Chicago, IL 60606-1719 o llámenos al 800-621-9621.

El plan de negocios: Guía completa para definir tu producto, servicio, mercado y financiamiento. Es una guía práctica para elaborar un plan de negocios y una propuesta financiera — el paso más importante en el arranque de un nuevo negocio. Los propietarios de empresas pequeñas, experimentados o novatos, resultarán sumamente beneficiados utilizando este sistema que se presenta paso a paso.

Técnicas cruciales de marketing: Paso a paso aumenta las ventas de tu empresa. Esta guía le proporciona las herramientas que los negocios requieren para desarrollar un plan de acción personalizado. Los propietarios conocerán las siete habilidades cruciales para vender su producto o servicio.

Cash flow... más que un problema contable: Técnicas para manejar con éxito tu flujo de caja. La capacidad de subsistencia de un negocio es el mantenimiento de un flujo de caja positivo. Esta guía enseñará a los lectores a planear la solución de problemas como la baja en las ventas, la insuficiencia de capital y los altibajos de temporada.

Cómo arrancar tu propio negocio: Lo que debes hacer en el lanzamiento de tu empresa para tener éxito. Cómo arrancar tu propio negocio ayuda al lector a elegir el negocio apropiado y le afrece instrucciones, paso por paso, de lo que el propietario deberá hacer cada mes antes de la gran apertura.

Utiliza las hojas
de Trabajo

Listas para copiar y usar

Las formas y hojas de trabajo en blanco de las páginas siguientes se han incluido para que las copie y las use en su propia empresa.

Cuando las utilice para llevar registros, observará que las categorías que aparecen bajo gastos fijos y variables en los estados financieros (Estado de pérdidas y ganancias y Estado de flujo de caja) se han dejado en blanco; anótelas usted, usando las categorías tomadas de su diario de ingresos y gastos. Los gastos que son frecuentes o considerables deben tener un encabezado propio (por ejemplo, publicidad, alquiler, salarios, etc.). Los que son muy pequeños se incluyen bajo el encabezado de "diversos" en las secciones de gastos variables o de gastos fijos de cada uno de los estados financieros.

Hoja de trabajo de evaluación personal # 1			
Habilidades	Intereses	Cualidades personales	Ideas de negocios

Hoja de trabajo de evaluación personal # 2

Fortalezas	Debilidades	Plan de acción	Costo	Tiempo

Hoja de trabajo para la compra de un negocio

Nombre del negocio:

Tipo de negocio:

Dirección:

Persona para contacto:

¿Por qué se vende este negocio?

¿Cuál es el historial de este negocio?

¿Ha sido rentable?

¿Qué es lo que adquiero?
Cuentas por pagar/pasivos
Cuentas por cobrar

Nombre del negocio

Lista de clientes
Activos fijos

Inventario
Arrendamiento

Personal

Derechos registrados (derechos de autor, patente, marca comercial)

Impuestos no pagados

¿Cuál es el precio de venta de este negocio?

¿Cómo voy a financiar esta adquisición?

Hoja de trabajo para la compra de una franquicia

Nombre de la franquicia:

Tipo de negocio:

Dirección:

Persona para contacto:

¿Qué reputación tiene el franquiciante?

¿Está implicada la compañía en litigios?

¿Cuál es la reputación del negocio individual?

¿Qué capacitación y asistencia para el arranque ofrece el franquiciante?

¿Qué asistencia continua ofrece el franquiciante?

¿Cuál es la estructura gerencial de la organización?

¿Están protegidos la ubicación y el territorio?

¿Cuáles son las prácticas de operación de la franquicia?

¿Cuáles son las políticas de control de operación?

Hoja de trabajo para la compra de una franquicia *(continuación)*

¿Cuál es el costo de la franquicia?

Cuota por licencia inicial:

Derechos permanentes por regalías:

Otros pagos:

¿Cómo se financiará la venta?

¿Tengo derecho a vender la franquicia?

¿Cuáles son las condiciones de renovación y cancelación?

Hoja de trabajo para análisis de ubicación

1. Dirección:

2. Nombre, dirección y teléfono del agente inmobiliario/contacto:

3. Pies cuadrados/costo:

4. Historial del local:

5. Ubicación respecto al mercado objetivo:

6. Patrones de tránsito para clientes:

7. Patrones de tránsito para proveedores:

8. Disponibilidad de estacionamiento (incluya un diagrama):

9. Tasa de criminalidad en la zona:

Hoja de trabajo para análisis
de ubicación *(continuación)*

10. Calidad de los servicios públicos (por ejemplo, policía, protección contra incendios):

11. Notas del recorrido a pie del área:

12. Negocios vecinos y clima local de los comercios:

13. Normas de uso de suelo:

14. Idoneidad de los servicios (obtenga información de los representantes de las compañías de servicios):

15. Disponibilidad de materias primas y suministros:

16. Disponibilidad de fuerza laboral:

Hoja de trabajo para análisis
de ubicación *(continuación)*

17. **Sueldos que se pagan en el área:**

18. **Disponibilidad de vivienda para los empleados:**

19. **Tasas de impuestos (estatales, municipales, sobre la renta, nómina, evaluaciones especiales):**

20. **Evaluación del local en relación con la competencia:**

Hoja de trabajo para elegir un banco

	NOMBRE DE LA INSTITUCIÓN FINANCIE-RA POTENCIAL		
	A.	B.	C.
1. ¿Ha establecido ya una relación de trabajo con: a. La dirección? b. El personal?			
2. ¿Qué clase de cuentas bancarias empresariales ofrece?			
3. ¿Ofrece este banco servicios de tarjeta de crédito mercantiles?			
4. ¿Participa en programas de créditos a empresas?			
5. ¿Se trata de un banco depositario federal?			
6. ¿Es una institución financiera estable?			
7. ¿Cuántas sucursales tiene?			
8. ¿Es conveniente para su negocio la ubicación del banco?			
9. ¿Cuál es su horario de operación? ¿Abre los sábados?			
10. ¿Impone un periodo de retención a sus depósitos?			
11. ¿Cuál es el costo por llevar una cuenta de cheques empresarial?			
12. ¿Qué otros servicios proporciona el banco? a. Banca electrónica b. Cajas de seguridad c. Notario Público d. Transferencia electrónica e. Otros			
13. ¿Cuál es su impresión general respecto al banco?			

Forma para actualización de seguros

Nombre de la compañía: Actualizado el _____ de 19____

Compañía	Persona contacto	Cobertura	Costo anual
1.			$
2.			$
3.			$
4.			$
5.			$
6.			$
7.			$
1. COSTO ANUAL TOTAL DE LOS SEGUROS			$
2. COSTO MENSUAL PROMEDIO DE LOS SEGUROS			$

NOTAS

1.
2.
3.

Diario de Ingresos y Gastos

Mes: _____ de 19____, página _____

Adapte encabezados según necesidades del negocio

CHEQUE NÚM.	FECHA	TRANSACCIÓN	INGRESO	GASTO										DIV.
		Saldo anterior												
		TOTALES												

Registro de Caja Chica

CAJA CHICA - 19___   Página ___

FECHA		PAGADO A	CARGADO A CTA. DE GASTOS DE	DEPÓSITO		CANTIDAD GASTADA		SALDO	
		SALDO ANTERIOR							

Registro de Inventarios

Existencias no identificables

DEPARTAMENTO/CATEGORÍA:

FECHA DE PRODUCCIÓN O DE COMPRA	INVENTARIO ADQUIRIDO O FABRICADO		NÚMERO DE UNIDADES	COSTO UNITARIO	VALOR EN FECHA DE INVENTARIO (Costo unitario X unidades disponibles)	
	Existencia #	Descripción			Valor	Fecha

Registro de Inventarios

Existencias identificables

MAYORISTA: _____   Página __

FECHA COMPRA	INVENTARIO ADQUIRIDO		PRECIO DE COMPRA	FECHA DE VENTA	PRECIO DE VENTA	NOMBRE DEL COMPRADOR (opcional)
	Existencia #	Descripción				

Registro de Activos Fijos

NOMBRE DE LA COMPAÑÍA: _____

ACTIVO ADQUIRIDO	FECHA DE PUESTA EN SERVICIO	COSTO DEL ACTIVO	% USADO PARA EL NEGOCIO	PERIODO DE RECUPERACIÓN	MÉTODO DE DEPRECIACIÓN	DEPRECIACIÓN PREVIAMENTE DESCONTADA	FECHA DE VENTA	PRECIO DE VENTA

Cuentas por Pagar
Registro de cuentas

ACREEDOR: _____

DIRECCIÓN: _____

TEL.: _____   CUENTA NÚM. ____

FECHA DE FACTURA	FACTURA NÚM.	CANTIDAD FACTURADA		CONDICIONES	FECHA DE PAGO	CANTIDAD PAGADA	SALDO DE FACTURAS	

Cuentas por Cobrar
Registro de cuentas

CLIENTE: _____
DIRECCIÓN: _____

TEL.: _____   CUENTA NÚM. ___

FECHA DE FACTURA	FACTURA NÚM.	CANTIDAD FACTURADA	CONDICIONES	FECHA DE PAGO	CANTIDAD PAGADA	SALDO DE FACTURAS

Registro de millaje

NOMBRE: _____

FECHAS: Del _____ Al _____

FECHA	CIUDAD DESTINO	NOMBRE U OTRA DESIGNACIÓN	PROPÓSITO DE NEGOCIOS	MILLAS RECORRIDAS
		RECORRIDO TOTAL EN ESTA HOJA		

Registro de Gastos de Representación

NOMBRE: _____

FECHAS: Del _____ Al _____

FECHA	LUGAR DE ATENCIÓN	PRÓPOSITO DE NEGOCIOS	NOMBRE DE LA PERSONA ATENDIDA	CANTIDAD GASTADA	

Registro de Viajes

VIAJE A: _____

Fechas: Del: _____ Al: _____

Propósito de negocios: _____

Núm. de días del viaje de negocios: _____

FECHA	LUGAR	GASTO PAGADO A	COMIDAS				Hotel	Taxis, etc.	AUTOMÓVIL			GTOS. DIV.
			Desayuno	Comida	Cena	Div.			Gasolina	Estacio-namiento	Peajes	
TOTALES												

Balance General

Nombre de la empresa: _____
Fecha: _____

ACTIVOS		PASIVOS	
Activo circulante		**Pasivo circulante**	
Caja	$_____	Cuentas por pagar	$_____
Caja chica	$_____	Documentos por pagar	$_____
Cuentas por cobrar	$_____	Intereses por pagar	$_____
Inventario	$_____		
Inversiones a corto plazo	$_____	Impuestos por pagar	
Gastos pagados por anticipado	$_____	Impuesto Federal	
		Sobre la Renta	$_____
Inversiones a largo plazo	$_____	Impuesto al Autoempleo	$_____
		Impuesto Estatal	
		Sobre la Renta	$_____
Activos fijos		Acumulación del	
Terreno (valuado al costo)	$_____	Impuesto S/Ventas	$_____
		Impuesto predial	$_____
Construcciones	$_____	Acumulación de nóminas	$_____
1. Costo			
2. Menos depr. acum. _____		**Pasivo a largo plazo**	
		Documentos por pagar	$_____
Mejoras	$_____		
1. Costo		**PASIVOS TOTALES**	$_____
2. Menos depr. acum. _____			
		VALOR NETO (CAPITAL CONTABLE)	
Equipo	$_____		
1. Costo		**Propiedad**	$_____
2. Menos depr. acum. _____		o	
		Sociedad o asociación	
Muebles	$_____	Juan Pérez, 60% de la propiedad	$_____
1. Costo		María Benítez, 40%	
2. Menos depr. acum. _____		de la propiedad	$_____
		o	
		Sociedad anónima	
Autos/vehículos	$_____	Capital social	$_____
1. Costo		Superávit pagado en	$_____
2. Menos depr. acum. _____		Ganancias retenidas	$_____
Otros activos		**CAPITAL CONTABLE TOTAL**	$_____
1.	$_____		
2.	$_____	Activos – Pasivos = Capital contable	
		y	
		Pasivos + Capital contable = Activos totales	
ACTIVOS TOTALES	$_____		

Estado de Pérdidas y Ganancias (de Ingresos)

Inicia: _____ 19 _____　　Termina: _____ 19 _____

INGRESOS **1. Ingresos por ventas** **2. Costo de la mercancía vendida (c-d)** 　a. Inventario inicial (1/01) 　b. Compras 　c. C.M. disp. p/venta (a+b) 　d. Menos inventario final (12/31) **3. Utilidad bruta sobre ventas (1-2)**		$ $
GASTOS **1. Variables (de venta) (a hasta h)** 　a. Publicidad/marketing 　b. Organización de eventos 　c. Fletes 　d. Salarios/comisiones de venta 　e. Viajes 　f. Vehículo 　g. Gastos variables div. (de venta) 　h. Depreciación (activos de prod./serv.) **2. Fijos (administrativos) (a hasta h)** 　a. Administración financiera 　b. Seguros 　c. Licencias y permisos 　d. Salarios de oficina 　e. Gastos de alquiler 　f. Servicios 　g. Gastos fijos div. (administrativos) 　h. Depreciación (equipo de oficina) **Total de gastos de operación (1+2)**		
Ingreso neto de las operaciones (UN-Gtos) Otros ingresos (ingresos por intereses) Otros gastos (gastos por intereses)		$
Utilidad (pérdida) neta antes de impuestos		$
Impuestos 　a. Federales 　b. Estatales 　c. Locales		 $
UTILIDAD (PÉRDIDA) NETA DESPUÉS DE IMPUESTOS		$

Hoja de trabajo de efectivo por pagar

(Efectivo que sale del negocio)

Nombre del negocio: _____

Periodo que cubre: _____ 19____ a 19____

1. COSTOS DE ARRANQUE _____
   Licencia de negocio
   Registro de la sociedad anónima _____
   Honorarios jurídicos _____
   Otros costos de arranque: _____
     a. _____
     b. _____
     c. _____
     d. _____

2. COMPRAS PARA INVENTARIO
   Salida de efectivo para mercancía
   destinada a reventa _____

3. GASTOS VARIABLES (DE VENTA)
   Publicidad/marketing _____
   Organización de eventos _____
   Fletes _____
   Salarios/comisiones de venta _____
   Viajes _____
   Vehículo _____
   Diversos _____
   GASTOS TOTALES DE VENTA _____

4. GASTOS FIJOS (ADMÓN.)
   Administración financiera _____
   Seguros _____
   Licencias y permisos _____
   Salarios de oficina _____
   Gastos de alquiler _____
   Servicios públicos _____
   Diversos _____
   GASTOS ADMINISTRATIVOS TOTALES _____

5. ACTIVOS (COMPRAS A LARGO PLAZO) _____
   Efectivo por pagar en el periodo actual

6. PASIVOS
   Desembolso de efectivo para redimir
   deudas, préstamos o cuentas por pagar _____

7. CAPITAL CONTABLE
   Efectivo que retirará el propietario _____

EFECTIVO TOTAL POR PAGAR $_____

Hoja de trabajo de fuentes de efectivo

(Efectivo que entra al negocio)

Nombre del negocio: _____

Periodo que cubre: Del _____ 19 ___ al _____ 19 ___

1. EFECTIVO DISPONIBLE   _____

2. VENTAS (INGRESOS)

Ingresos por venta de productos*   _____
*La mayor parte de estos ingresos por ventas no se recibirán hasta
el tercer o cuarto trimestre.

Ingresos por servicios   _____

Depósitos por ventas o servicios   _____

Cobranza de cuentas por cobrar   _____

3. INGRESOS DIVERSOS

Ingresos por intereses   _____

Pagos que se recibirán sobre préstamos   _____

4. VENTA DE ACTIVOS DE LARGO PLAZO   _____

5. PASIVOS   _____

*Fondos de créditos (por recibirse durante el periodo actual;
de bancos, a través de la SBA o de otras instituciones de crédito)*

6. CAPITAL CONTABLE

Inversiones del propietario (Prop. exclusivo/Socios)   _____

Capital aportado (sociedad anónima)   _____

Venta de acciones (sociedad anónima)   _____

Capital de riesgo   _____

EFECTIVO TOTAL DISPONIBLE   *A. Sin ventas* = $ _____

                             B. Con ventas = $ _____

Estado de flujo de caja proforma

PARA EL AÑO DE 19___	ENE	FEB	MAR	ABR	MAY	JUN	TOTAL 6 meses
SALDO DE CAJA INICIAL							
INGRESOS EN EFECTIVO							
a. Ingresos por ventas (ventas en efectivo)							
b. Documentos por cobrar							
c. Ingresos por intereses							
d. Venta de activos de largo plazo							
EFECTIVO TOTAL DISPONIBLE							
PAGOS EN EFECTIVO							
a. Costo de mercancía para venta							
1. Compras							
2. Material							
3. Mano de obra							
b. Gastos variables (de venta)							
1. Publicidad / marketing							
2. Organización de eventos							
3. Fletes							
4. Salarios de venta							
5. Viajes							
6. Vehículo							
7. Gastos diversos de venta							
c. Gastos fijos (administrativos)							
1. Admón. financiera							
2. Seguros							
3. Licencias y permisos							
4. Salarios de oficina							
5. Gastos de alquiler							
6. Servicios públicos							
7. Gastos administrativos diversos							
d. Gastos por intereses							
e. Impuesto federal sobre la renta							
f. Otros usos							
g. Pagos por activos de largo plazo							
h. Pagos de créditos							
i. Retiros del propietario							
EFECTIVO TOTAL PAGADO							
SALDO/DÉBITO DE CAJA							
CRÉDITOS POR RECIBIR							
DEPÓSITOS DE CAPITAL							
SALDO DE CAJA FINAL							

Estado de flujo de caja proforma *(continuación)*

PARA EL AÑO DE 19__	JUL	AGO	SEP	OCT	NOV	DIC	TOTAL 12 meses
SALDO DE CAJA INICIAL							
INGRESOS EN EFECTIVO							
a. Ingresos por ventas (ventas en efectivo)							
b. Documentos por cobrar							
c. Ingresos por intereses							
d. Venta de activos de largo plazo							
EFECTIVO TOTAL DISPONIBLE							
PAGOS EN EFECTIVO							
a. Costo de mercancía para venta							
1. Compras							
2. Material							
3. Mano de obra							
b. Gastos variables (de venta)							
1. Publicidad/marketing							
2. Organización de eventos							
3. Fletes							
4. Salarios de venta							
5. Viajes							
6. Vehículo							
7. Gastos diversos de venta							
c. Gastos fijos (administrativos)							
1. Admón. financiera							
2. Seguros							
3. Licencias y permisos							
4. Salarios de oficina							
5. Gastos de alquiler							
6. Servicios públicos							
7. Gastos administrativos diversos							
d. Gastos por intereses							
e. Impuesto federal sobre la renta							
f. Otros usos							
g. Pagos por activos de largo plazo							
h. Pagos de créditos							
i. Retiros del propietario							
EFECTIVO TOTAL PAGADO							
SALDO/DÉBITO DE CAJA							
CRÉDITOS POR RECIBIR							
DEPÓSITOS DE CAPITAL							
SALDO DE CAJA FINAL							

Registro de codificación de cuestionarios

Código	Fecha	Núm. enviado	Destino/destinatario	Tasa de respuesta	Evaluación

Hoja de trabajo de mercado objetivo

1. ¿Quiénes son mis clientes?

Perfil:

Nivel económico:

Carácter psicológico (estilo de vida):

Límites de edad:

Sexo:

Nivel de ingresos:

Hábitos de compra:

2. ¿Dónde están ubicados mis clientes?

Dónde viven:

Dónde trabajan:

Dónde hacen sus compras:

3. Tamaño proyectado del mercado:

Hoja de trabajo de mercado objetivo *(continuación)*

4. ¿Cuáles son las necesidades de los clientes?

a.

b.

c.

d.

e.

f.

5. ¿Cómo puedo satisfacer esas necesidades?

a.

b.

c.

d.

e.

f.

6. ¿Qué tiene de especial mi negocio?

Hoja de trabajo para investigación de mercados

Preguntas	Fuente de información	Resultados	Efecto sobre el plan

Forma para evaluación de la competencia

Perfil de la competencia

1. Competidor:

2. Ubicación:

3. Productos o servicios que se ofrecen:

4. Métodos de distribución:

5. Imagen:

   Empaques:

   Materiales de promoción:

   Métodos publicitarios:

   Calidad del producto o servicio:

6. Estructura de precios:

7. Historial del negocio y comportamiento actual:

8. Participación de mercado (número, tipos y ubicación de los clientes):

9. Fortalezas (las fortalezas de la competencia se convierten en fortalezas suyas):

10. Debilidades (un examen de las debilidades de la competencia puede ayudarle a encontrar medios para distinguirse y benefi-

Hoja de trabajo para publicidad

Nombre del negocio:

1. ¿Cuáles son las características y los beneficios que ofrece mi producto o servicio?

2. ¿Cuál es mi audiencia?

3. ¿Cuál es mi competencia y cómo se hace publicidad?

4. ¿Cuáles son los objetivos de mi campaña de publicidad?

5. ¿Cuánto pienso invertir en publicidad?

6. ¿Qué métodos voy a emplear para anunciarme?
   __ Periódicos   __ Volantes
   __ Radio   __ Comunicado de prensa
   __ Telemarketing   __ Sección Amarilla
   __ Cupones   __ Correo directo
   __ Revistas   __ Folletos
   __ Televisión   __ Arts. promocionales
   __ Otros _____

7. ¿Cuándo los voy a emplear y cúanto costarán?

8. ¿Cómo voy a medir la eficacia del plan de publicidad?

Registro de respuesta a la publicidad

Nombre de la compañía: _____ de 19 ___

Tipo de anuncio	Fecha de publ.	Costo	Circulación	Núm. de respuestas	Ingreso generado

Registro de seguimiento a la promoción

Nombre de la compañía: _____

Nombre del medio	Persona contacto	Dirección	Fecha	Material enviado	Seguimiento	Respuesta	Resultados	Notas

GLOSARIO

Acción *(Share):* Una de las partes iguales en las cuales se divide la propiedad de una sociedad anónima. Una "acción" representa la propiedad parcial de una sociedad anónima.

Acciones de propiedad neta *(Equity):* Inversión financiera en un negocio que trae consigo una participación de la propiedad de la empresa y de sus utilidades y el derecho de intervenir en su dirección. La propiedad neta se calcula restando los pasivos de la empresa de los activos de la misma.

Activos *(Assets):* Cualquier cosa de valor propiedad de alguien. Las cuentas por cobrar son un activo.

Activos circulantes *(Current assets):* Recursos o propiedades valiosas que pertenecen a una compañía y que se convertirán en efectivo antes de un año o se consumirán en las operaciones de la compañía en el mismo plazo. Por lo general incluyen efectivo, cuentas por cobrar, inventario y gastos pagados por adelantado.

Actuario *(Actuary):* Profesional experto en cuestiones de pensiones y seguros de vida, capacitado especialmente en métodos y procedimientos matemáticos, estadísticos y contables, así como en probabilidades de seguros.

Adquisición *(Takeover):* La compra de una compañía por parte de otra.

Agente *(Agent):* Persona autorizada para actuar a nombre de otra o para representarla en sus tratos con terceros.

Amortización *(Amortization):* Liquidación con base en pagos periódicos; el proceso de pagar gradualmente un pasivo a lo largo de un cierto tiempo.

Análisis *(Analysis):* Descomposición de una idea o problema en sus partes; un examen exhaustivo de las partes de algo.

Apreciación *(Appreciation):* Aumento en el valor de un activo por encima de su costo depreciable debido a condiciones económicas y de otra naturaleza, a diferencia de los aumentos de valor debidos a mejoras o adiciones hechas al mismo.

Arrendamiento *(Lease):* Convenio de alquiler a largo plazo.

Artículos de constitución *(Articles of Incorporation):* Documento legal presentado ante el estado que establece los propósitos y normas de una sociedad anónima. Cada estado tiene diferentes normas.

Atrasos *(Arrears):* Cantidades vencidas y no pagadas.

Audiograbación *(Audiotaping):* Acto de grabar en una cinta de audio.

Auditoría *(Audit):* Examen de documentos contables y de la evidencia de apoyo con el propósito de llegar a una opinión informada respecto a su corrección.

Autoedición *(Desktop publishing):* Término de uso común para designar materiales impresos generados por computadora, como boletines informativos y folletos.

Aval *(Guarantee):* Compromiso por parte de un tercero a rembolsar un préstamo en caso de que el prestatario no pueda hacerlo.

Avalúo *(Appraisal):* Evaluación de un artículo específico de propiedad personal o inmueble. El valor que se asigna a la propiedad evaluada.

Aventura de negocios *(Business venture):* Aceptación de riesgos financieros en una empresa comercial.

Balance general *(Balance sheet):* Declaración pormenorizada que enumera los activos totales y los pasivos totales de una empresa específica para representar su capital contable en un momento determinado.

Base acumulada *(Accrual basis):* Método para llevar cuentas que muestra los gastos en los que se ha incurrido y los ingresos obtenidos en un periodo fiscal determinado, no obstante que estos gastos e ingresos en realidad no hayan sido pagados o recibidos en efectivo.

Bienes de capital *(Capital equipment):* Equipo que se usa para fabricar un producto, proporcionar un servicio, o para vender, almacenar y entregar mercancía. Esta clase de equipo no se vende en la marcha normal del negocio, sino que se utiliza y se desgasta o consume en la operación de éste.

Cámara de Comercio *(Chamber of Commerce):* Organización de gentes de negocios cuyo propósito es promover los intereses de sus miembros. Existen tres niveles: nacional, estatal y local.

Canal de distribución *(Distribution channel):* Todos los individuos y organizaciones que participan en el proceso de trasladar productos del productor al consumidor. La ruta que un producto sigue desde el agricultor, productor o importador hasta el consumidor final.

Capital *(Capital):* Dinero disponible para inversión o el total de activos acumulados disponibles para producción.

Capital *(Principal):* Cantidad de dinero pedida a crédito en un convenio de deuda y sobre la cual se calcula el interés.

Capital contable *(Net worth):* El valor total de un negocio en términos financieros. Se calcula restando los pasivos totales de los activos totales.

Capital de deuda *(Debt capital):* La parte del capital de inversión que se debe pedir a crédito.

Capital de riesgo *(Venture capital):* Dinero que se invierte en empresas que no tienen acceso a las fuentes tradicionales de capital.

Capital de trabajo *(Working capital):* Excedente de los activos circulantes respecto a los pasivos circulantes. El efectivo que se necesita para mantener en funcionamiento el negocio día con día.

Capital en acciones de propiedad neta *(Equity capital):* Dinero que proveen los propietarios del negocio.

Ciclo de vida del producto (CVP) *(Product life cycle — PLC):* Etapas de desarrollo y decadencia que experimenta un producto que tiene éxito.

Comisión *(Commission):* Porcentaje del capital o del ingreso que un agente recibe como compensación por sus servicios.

Comprobante de venta *(Bill of sale):* Documento jurídico formal que transfiere el título de una propiedad específica, o la participación en ella, del vendedor al comprador.

Condiciones de venta *(Terms of sale):* Condiciones relativas al pago de una compra.

Conocimiento de embarque *(Bill of lading):* Documento emitido por un ferrocarril u otro transportista, el cual reconoce la recepción de mercancía específica para su transporte a un cierto lugar, establece el contrato entre el consignador y el transportista y fija las condiciones para la entrega apropiada de la mercancía.

Consejo de administración *(Board of directors):* Individuos elegidos por los accionistas de una sociedad anónima para dirigir la empresa.

Contabilidad *(Bookkeeping):* Proceso de asentar las transacciones de negocios en los registros contables. Los "libros" son los documentos en los cuales se llevan los registros de las transacciones.

Contador *(Accountant):* Persona especializada en llevar registros de negocios. Por lo común, es un profesional altamente capacitado y no alguien que se encarga de llevar los libros. Un contador puede establecer los libros necesarios para que un negocio opere y ayudar al propietario a entenderlos.

Contador público titulado *(Certified Public Accountant):* Contador a quien un estado ha otorgado un certificado que muestra que ha cumplido con los requisitos prescritos cuyo propósito es asegurar la competencia por parte del practicante público de la contabilidad y que se le permite el uso de la designación de Contador Público Titulado, que comúnmente se abrevia como CPT (CPA en inglés).

Contrato *(Contract):* Convenio que se refiere a las responsabilidades mutuas entre dos o más partes.

Convenio de préstamo *(Loan agreement):* Documento que establece lo que un negocio puede y no puede hacer en tanto adeude dinero al prestamista.

Correo directo *(Direct mail):* Comercialización de bienes o servicios directamente al consumidor por medio del correo.

Cosignatarios *(Co-signers):* Firmantes conjuntos de un convenio de crédito que se comprometen a cumplir las obligaciones de un negocio en caso de falta de pago.

Costo de la mercancía vendida *(Cost of goods sold):* Costo directo para el propietario del negocio de los artículos que se venderán a los clientes.

Costos de operación *(Operation costs):* Gastos que se derivan de las actividades actuales de la empresa. Los costos en los que se incurre para que el negocio funcione, como salarios, electricidad, alquiler. También se les llama "gastos generales".

Crédito *(Credit):* Sinónimo de adeudo. El crédito se otorga a los clientes cuando se les permite hacer una compra con la promesa de pagar más tarde. Un banco otorga crédito cuando presta dinero.

Crédito comercial *(Trade credit):* Permiso para comprar de un proveedor con base en una cuenta abierta.

Crédito o préstamo *(Loan):* Dinero que se presta con intereses.

Cuenta *(Account):* Registro de una transacción de negocios. Arreglo por contrato, escrito o no escrito, para comprar y recibir la entrega con el acuerdo de hacer el pago posteriormente.

Cuentas por cobrar *(Accounts receivable):* Dinero que se le debe a su empresa por bienes o servicios que han sido entregados pero que todavía no se han pagado.

Cuentas por pagar *(Accounts payable):* Dinero que usted debe a un individuo o empresa por bienes o servicios que ha recibido pero que todavía no ha pagado.

Cuestionario *(Questionnaire):* Una forma para reunir datos que se emplea para reunir información por medio de entrevistas personales, con un sondeo telefónico o por correo.

Déficit *(Deficit):* Exceso de pasivos respecto a los activos; capital contable negativo.

Demanda de mercado *(Market demand):* Volumen total adquirido en una zona geográfica específica por un grupo concreto de clientes en un periodo determinado siguiendo un programa de marketing en particular.

Depreciación *(Depreciation):* Disminución del valor por envejecimiento, desgaste o deterioro. La depreciación es un gasto normal de operación de un negocio que debe tomarse en cuenta. Existen leyes y normas que regulan la manera y los periodos que pueden usarse para depreciar.

Descuento *(Discount):* Deducción del precio indicado o de lista de un producto o servicio.

Descuento por pago en efectivo *(Cash discount):* Deducción que se otorga por pronto pago de una factura.

Deuda *(Debt):* Lo que se debe. La deuda se refiere a fondos recibidos en préstamo y que por lo general son garantizados por una garantía colateral o un cosignatario.

Deudas incobrables *(Bad debts):* Dinero que se le debe a usted y que no puede cobrar.

Dirección *(Management):* El arte de manejar y supervisar una empresa.

Distribuidor *(Distributor):* Intermediario, mayorista, agente o compañía que distribuye mercancía a comerciantes o compañías.

Doblar *(Keystone):* Fijar un precio al menudeo equivalente al doble del precio al mayoreo.

Documentos a corto plazo *(Short-term notes):* Préstamos que se vencen en un año o menos.

Efectivo *(Cash):* Dinero a la mano o fácilmente disponible.

Elección *(Choice):* Decisión de compra que se basa en una evaluación de alternativas.

Empresa de servicio *(Service business):* Negocio minorista que se ocupa de actividades en beneficio de otros.

Empresario *(Entrepreneur):* Innovador en los negocios que reconoce oportunidades para introducir un nuevo producto, un nuevo proceso o una mejor organización, y que reúne el dinero necesario, acopla los factores para la producción y organiza una operación para explotar la oportunidad.

Encuesta *(Survey)*: Método de investigación en el cual se formulan preguntas a las personas.

Enfoque del mercado *(Market targeting)*: Elección de una estrategia de marketing en términos de fortalezas competitivas y realidades del mercado.

Equiparar *(Benchmarking)*: Calificar los productos, servicios y prácticas de su compañía contra los de los líderes de la industria.

Equipo *(Equipment)*: Propiedad física de naturaleza más o menos permanente que suele utilizarse para llevar a cabo operaciones, distinta de terrenos, construcciones y mejoras a los mismos. Por ejemplo, maquinaria, herramientas, camiones de carga, automóviles, barcos, muebles y accesorios.

Estado bancario *(Bank statement)*: Estado de cuenta mensual que un banco envía a cada uno de sus depositantes.

Estado de ingresos *(Income statement)*: Documento financiero que muestra cuánto dinero entró (ingresos) y cuánto dinero se pagó (gastos).

Estado de Pérdidas y Ganancias *(Profit and Loss Statement)*: Lista de la cantidad total de ventas (ingresos) y de los costos totales (gastos). La diferencia entre ingresos y gastos es la ganancia (utilidad) o pérdida.

Estados financieros *(Financial statements)*: Documentos que muestran la situación financiera de una empresa o un individuo.

Estilo de vida *(Life style)*: Patrón de vida que comprende las actividades, intereses y opiniones de un individuo.

Existencia *(Stock)*: Mercancía acumulada.

Falta de pago *(Default)*: El hecho de no pagar un adeudo o cumplir una obligación.

Flujo de caja *(Cash flow)*: Movimiento real del efectivo dentro de un negocio; el análisis de cuánto efectivo necesita un negocio y cuándo lo requiere dentro de un periodo determinado.

Franquicia *(Franchise):* Negocio que requiere tres elementos: derechos de franquicia, nombre comercial común y relación continua con la casa matriz.

Ganancias (y pérdidas) de capital *(Capital gains –and losses):* Diferencia entre el precio de compra y el precio de venta en la venta de activos.

Garantía *(Security):* Colateral que se compromete con un prestamista como protección en caso de que el prestatario deje de pagar un crédito.

Garantía colateral *(Collateral):* Algo de valor que se da o guarda en prenda de que se va a cumplir con un adeudo o una obligación.

Gasto administrativo *(Administrative expense):* Gasto que se puede cargar a los aspectos gerencial, administrativo general y de políticas de un negocio, en contraste con los gastos de venta, producción o costo de la mercancía.

Gastos controlables *(Controllable expenses):* Gastos que pueden ser controlados o restringidos por el empresario.

Gastos fijos *(Fixed expenses):* Costos que no varían de un periodo al siguiente. En general, estos gastos no son afectados por el volumen del negocio. Los gastos fijos son los costos básicos que todo negocio tiene cada mes.

Gastos generales *(Overhead):* Término genérico que describe los costos de materiales y servicios que no contribuyen directamente al producto o servicio que se vende, o que no se identifican fácilmente con el mismo.

Gastos pagados por adelantado *(Prepaid expenses):* Gastos que se pagan anticipadamente por artículos que todavía no se reciben.

Informe anual *(Annual report):* Informe anual que elabora una compañía al cierre del año fiscal, donde se delaran sus ingresos y desembolsos, sus activos y sus pasivos.

Ingresos *(Revenue):* Ventas totales durante un periodo determinado.

Ingresos de caja *(Cash receipts):* Dinero que una empresa recibe de sus clientes.

Intercambio *(Exchange):* Proceso por el cual dos o más partes dan algo de valor unas a otras para satisfacer necesidades y carencias.

Interés *(Interest):* El costo de pedir dinero a crédito.

Intermediario *(Middleman):* Persona o compañía que desempeña funciones o proporciona servicios que tienen que ver con la compra o venta de mercancía en el trayecto del productor al consumidor.

Internet: El vasto conjunto de redes interconectadas que proporcionan servicios de correo electrónico y acceso a la World Wide Web (Red Mundial).

Inventario *(Inventory):* Lista de activos disponibles para la venta.

Invertir *(Invest):* Desembolsar dinero para cualquier propósito del cual se espera una utilidad.

Investigación de mercado *(Market research):* Diseño, recopilación, análisis e informe sistemáticos de datos en relación con una situación específica de marketing.

Licencia *(License):* Permiso formal para operar un negocio.

Línea de crédito *(Credit line):* Cantidad máxima de crédito o dinero que una institución financiera o empresa mercantil concede a un cliente.

Línea de productos *(Product line):* Grupo de productos relacionados entre sí por consideraciones de marketing, de tipo técnico o de uso final.

Liquidez *(Liquidity):* La capacidad de un negocio para cumplir con sus responsabilidades financieras. El grado de facilidad con la que los activos pueden convertirse en efectivo sin pérdidas.

Máquina de facsímil (Fax) *(Facsimile machine):* Máquina capaz de transmitir información escrita y gráfica a través de líneas telefónicas.

Marca *(Brand):* Diseño, rótulo, símbolo u otro dispositivo que distingue una línea o tipo de mercancías de las de un competidor.

Margen de utilidad *(Profit margin):* Diferencia entre el precio de venta y los costos totales.

Marketing de masas *(Mass marketing):* Selección y desarrollo de una oferta única para un mercado completo.

Marketing diferenciado *(Differentiated marketing):* Selección y creación de varias ofertas para satisfacer las necesidades de un cierto número de segmentos específicos del mercado.

Marketing no diferenciado *(Undifferentiated marketing):* Selección y desarrollo de una oferta para un mercado completo.

Marketing enfocado *(Target marketing):* Selección y desarrollo de varias ofertas para satisfacer las necesidades de un número determinado de segmentos específicos del mercado.

Mayoristas *(Wholeselling):* Empresas e individuos dedicados a la actividad de vender productos a minoristas, usuarios de organizaciones u otros mayoristas. El mayoreo es vender para la reventa.

Menudeo *(Retail):* Venta directa al consumidor.

Mercado *(Market):* Conjunto de compradores potenciales o reales, o lugar en el cual existe una demanda de productos o servicios. Compradores reales o potenciales de un producto o servicio.

Mercado de organizaciones *(Organizational market):* Mercado que se compone de productores, industrias del ramo, gobiernos e instituciones.

Mercado objetivo *(Target market):* Individuos específicos, que se distinguen por sus características socioeconómicas, demográficas y de intereses, y que son los clientes potenciales más probables para los bienes y servicios de un negocio.

Mercancía *(Merchandise):* Bienes que se compran y venden en un negocio. La "mercancía" o existencia es una parte del inventario.

Mezcla de marketing *(Marketing mix):* El conjunto de variables en cuanto a producto, lugar, promoción, precio y empaque que un gerente de marketing controla y manipula para introducir un producto o servicio en el mercado.

Mezcla de productos *(Product mix):* Todos los productos que incluye la línea total de productos de un vendedor.

Microempresa *(Microbusiness):* Negocio que lleva el propietario con pocos empleados y menos de $250,000 en ventas anuales.

Minoristas *(Retailing):* Negocios e individuos dedicados a la actividad de vender productos al consumidor final.

Muestra *(Sample):* Porción limitada del total de un grupo.

Necesidad *(Need):* Estado de carencia percibida.

Neto *(Net):* Lo que queda después de deducir todos los gastos de lo bruto.

Nicho de mercado *(Market niche):* Grupo bien definido de clientes para quienes lo que usted ofrece es particularmente adecuado.

No recurrente *(Non recurrent):* Que ocurre una sola vez, no repetitivo. Los gastos "no recurrentes" son los incurridos para el arranque del negocio, que sólo tienen que hacerse una vez y no se presentan de nuevo.

Nombre comercial *(Brand name):* Término, símbolo, diseño o combinación de los mismos que identifica y distingue los productos o servicios de un vendedor.

Pagadero *(Payable):* En condiciones de ser pagado. Una de las cuentas normales que lleva un tenedor de libros es la de "cuentas por pagar", la cual es una lista de las facturas que están vigentes y son pagaderas.

Pagaré *(Note):* Documento que se reconoce como prueba legal de un adeudo.

Página de la red *(Home page):* El "índice general" de un "sitio" (site) en la red (Web), en el cual se detallan las páginas que incluye un "sitio" específico. La primera página que uno ve cuando obtiene acceso a un "sitio" en la red.

Participación de mercado *(Market share):* Participación porcentual de una compañía en las ventas totales dentro de un mercado específico.

Pasivos circulantes *(Current liabilities):* Cantidades que se adeudan y que ordinariamente la compañía pagará antes de un año. En términos generales, incluye cuentas por pagar, la porción circulante de pasivos de largo plazo, intereses y dividendos por pagar.

Pasivos de largo plazo *(Long-term liabilities):* Pasivos (gastos) que no se vencen en el transcurso del año siguiente.

Percepción *(Perception):* El proceso de seleccionar, organizar e interpretar información que se recibe a través de los sentidos.

Periodo contable *(Accounting period):* Intervalo de tiempo al final del cual se lleva a cabo un análisis de la información contenida en los registros de teneduría de libros. También es el periodo que cubre el estado de pérdidas y ganancias.

Piso de precio *(Price floor):* Cantidad mínima que el propietario de un negocio puede cobrar por un producto o servicio sin dejar de cubrir todos los gastos.

Planificación de precios *(Price planning):* Proceso sistemático para establecer objetivos y políticas de precios.

Por cobrar *(Receivable):* En condiciones de ser pagado. Cuando usted vende a crédito, lleva un libro mayor de "cuentas por cobrar" como registro de lo que se le debe a usted y quién lo adeuda. En contabilidad, un documento por cobrar es un activo.

Posicionamiento en el mercado *(Market positioning):* Localización de un nicho de mercado que destaca los puntos fuertes de un producto o servicio en relación con las debilidades de la competencia.

Potencial de ventas *(Sales potential):* La participación de un mercado que una empresa espera a medida que los gastos en marketing aumentan en relación con los de la competencia.

Precio *(Price):* Valor de intercambio de un producto o servicio desde la perspectiva tanto del comprador como del vendedor.

Precio de promoción *(Promotional pricing):* Precio temporal de un producto o servicio por debajo del precio de lista o del costo para atraer clientes.

Presupuesto *(Budget):* Estimado de los ingresos y gastos para un periodo futuro, por lo general un año.

Producto *(Product):* Cualquier cosa capaz de satisfacer una necesidad y que puede ser un artículo tangible, un servicio o una idea.

Productores *(Producers):* Componentes del mercado de organizaciones que adquieren productos o servicios que intervienen en la fabricación de productos y servicios que se venden o suministran a otros.

Proforma *(Pro forma):* Proyección o estimación del posible resultado futuro de acciones realizadas en el presente. Un estado financiero proforma es el que muestra cuál será el resultado de las operaciones actuales del negocio si se cumplen ciertos supuestos.

Promoción *(Promotion):* Comunicación de información por parte de un vendedor para influir en las actitudes y el comportamiento de compradores potenciales.

Promoción *(Publicity):* Cualquier presentación no pagada y orientada a las noticias de un producto, servicio o entidad empresarial en el formato de un medio masivo de comunicación.

Promoción de ventas *(Sales promotion):* Actividades de marketing que estimulan la compra por parte del consumidor a corto plazo.

Pronóstico de mercado *(Market forecast):* Demanda anticipada que es resultado de un gasto planificado en marketing.

Pronósticos cuantitativos *(Quantitative forecasts):* Pronósticos que se basan en mediciones de cantidades numéricas.

Propiedad exclusiva *(Sole proprietorship):* Estructura jurídica de una empresa en la cual el negocio pertenece a un individuo.

Proporción *(Ratio):* Relación de una cosa respecto a otra. Una "proporción" es una forma abreviada de comparar cosas que se puede expresar con una cifra o un grado.

Prospecto *(Lead):* Nombre y dirección de un posible cliente.

Proveedores *(Suppliers):* Individuos o empresas que suministran los recursos que una compañía necesita para producir bienes y servicios.

Psicografía *(Psychography):* Sistema para explicar el comportamiento del mercado en términos de actitudes y estilos de vida.

Publicidad *(Advertising):* La práctica de atraer la atención del público hacia las buenas cualidades de algo, con el propósito de inducir a las personas a comprarlo o a invertir en él.

Punto de equilibrio *(Break-even):* Punto de la actividad de un negocio donde los ingresos totales son iguales a los gastos totales. Arriba del punto de equilibrio, el negocio tiene una utilidad. Abajo de dicho punto, el negocio incurre en una pérdida.

Recaudación de fondos *(Fund raising):* Eventos organizados para recaudar ingresos.

Reducción de tamaño *(Downsize):* Término que se usa actualmente para indicar la reasignación de empleados, los despidos y la restructuración que tienen por objeto hacer a una empresa más competitiva, eficiente y rentable.

Representante de ventas *(Sales representative):* Vendedor independiente que dedica esfuerzos a vender productos o servicios de una empresa a otros pero no es empleado de la compañía. Los representantes de ventas suelen representar varias líneas de productos de diversas compañías y trabajan por una comisión.

Saldo *(Balance):* Cantidad de dinero que queda en una cuenta.

Saldo de cuenta *(Account balance):* La diferencia entre las columnas de cargos y abonos de una cuenta.

Seguro de responsabilidad *(Liability insurance):* Protección contra riesgos por acciones por las que el negocio es responsable.

Sociedad anónima *(Corporation):* Organización voluntaria de personas, ya sea individuos o entidades jurídicas, obligados jurídicamente a formar una empresa de negocios; entidad jurídica artificial creada por concesión gubernamental y que la ley trata como entidad individual.

Sociedad en nombre colectivo *(Partnership):* Relación jurídica de negocios de dos o más personas que comparten responsabilidades, recursos, utilidades y pasivos.

Sociedad limitada *(Limited partnership):* Sociedad jurídica en la que se permite que ciertos propietarios asuman responsabilidad sólo hasta por la cantidad invertida.

Subcontratación *(Outsourcing):* Término que se emplea en los negocios para identificar el proceso de subcontratar trabajo con proveedores externos.

Techo de precio *(Price ceiling):* Cantidad máxima que un cliente está dispuesto a pagar por un producto o servicio con base en el valor percibido.

Telemarketing *(Telemarketing):* Comercialización de bienes o servicios directamente hacia el consumidor por vía telefónica.

Utilidad *(Bottom line):* Cifra que refleja la rentabilidad de la compañía en el estado de ingresos. Es la utilidad después del pago de todos los gastos y los impuestos.

Utilidad *(Profit):* Ganancia financiera, rendimiento sobre los gastos.

Utilidad bruta *(Gross profit):* Diferencia entre el precio de venta y el costo de un artículo. Se calcula restando el costo de la mercancía vendida de las ventas netas.

Valores *(Stock):* Participación de la propiedad de una sociedad; es otro nombre para las acciones.

Venta directa *(Direct selling):* Proceso por el cual el productor vende al usuario, consumidor final o minorista sin la participación de intermediarios.

Venta en multiniveles *(Multilevel sales):* También se conoce como marketing en red. En vez de contratar personal de ventas, las compañías de venta en multiniveles venden sus productos por medio de miles de distribuidores independientes. Estas empresas ofrecen comisiones al distribuidor tanto en sus ventas al por menor como en las ventas de su "línea descendiente" (la red de otros distribuidores que él mismo patrocina).

Volumen *(Volume):* Magnitud o cantidad de transacciones de un negocio; el volumen de una empresa es el total que la misma vende en un periodo determinado.

8/06   7   6/06
12/08   9   1/08
12/12 (14) 7/12
1/15   (15) 8/14
4/19   (19) 10/18

PRIMERA EDICIÓN
ABRIL 1998
TIRO: 3000 EJEMPLARES
(MÁS SOBRANTES PARA REPOSICIÓN)
IMPRESIÓN Y ENCUADERNACIÓN:
ARTE Y EDICIONES TERRA
OCULISTAS NO. 43
COL. SIFÓN
MÉXICO, D.F.